바쁜 하루, 잠깐묵상

추천사

조정민 베이직교회 목사

　말씀에 사로잡힌 목회자의 말씀 묵상은 당연한 일입니다. 그러나 당연하다고 해서 결코 쉬운 일은 아닙니다. 더구나 하루도 거르지 않고 1년 365일 그 묵상을 쏟아내는 일은 마치 영혼의 진액을 짜내는 것과 같습니다. 한 구절 묵상에 한나절 매달릴 때도 있고, 묵상글을 올려야 할 바로 그 순간까지 향취가 없는 글에 스스로 마음이 아릴 때도 있습니다. 때로는 성령께서 은혜를 쏟아부어 주시는 것에 전율하며 짧은 묵상에 스스로 깊은 감사의 고백을 드렸을 것입니다. 저자는 그렇게 5년째 성경 전체와 씨름해 왔고, 그렇게 쌓인 묵상의 글들이 목소리로 다가오더니 이제 얼굴로 찾아왔습니다.

　<바쁜 하루, 잠깐묵상>은 아무리 힘들어도 말씀 묵상을 멈추지 않는 목회자의 글이, 아무리 바빠도 말씀 묵상을 놓치지 말아야 할 그리스도인들에게 전해지는 소중한 선물이 될 것입니다. 이 책을 접하는 이

들은, 모세가 떨기나무의 불 앞에 신을 벗어야 했듯 이 묵상 앞에 잠시 나를 내려놓고, 불이 붙었으나 불이 사르지 않는 떨기나무를 바라보듯 잠잠히 머물러 있기를 권합니다. 어느 순간 말씀의 불꽃이 솟아오르면, 불이 붙었으나 결코 나와 이웃을 태우지 않는 불길이 되어 새롭게 일상의 자리로 달려가시기를 바랍니다. 더 이상 차지도 덥지도 않은 교인의 길을 걷지 않을 것입니다.

안신기 연세의료원 의과대학 교수 / 베이직교회 목사

사람을 알고 그의 글을 읽을 때는, 그의 음성이 들리는 경험을 한다. 그의 글은 늘 듣는 나직하고 찬찬한 그의 음성과 같이, 급하지 않다. 그렇다고 마냥 부드럽다는 뜻이 아니다. 그는 우리가 당연시했던 신앙의 상식과 삶의 해석에 정직하게 질문하게 한다. 짧기에 피상적인 위로나 잠깐 생각하기에 뻔한 교훈이 아니라, 정제된 그의 글은 우리 내면의 모순과 아이러니를 거울처럼 비춰 낸다.

한편, 다윗이 그랬던 것처럼 기타 연주자답게 그는 언어를 음악처럼 다룬다. 그의 글을 소리 내어 읽어 보라. 반복과 대조, 첫소리와 끝소리의 절묘한 조화 속에서 '아하' 하는 깨달음이 터져 나올 것이다.

바쁜 일상을 사는 우리에게 그의 책은 잠깐 멈추라 권한다. 그리고 그의 글과 더불어 묵상에 머물러 있을 때, 어느새 우리는 깊고 긴 삶의 질서, 우리를 이끄는 하나님의 질서와 만나게 될 것이다.

박동영 서울박내과 원장

　세상 속에서 더불어 살되, 동시에 구별된 삶을 살아가야 하는 그리스도인의 여정에는 힘겨울 때가 있습니다.
　그 여정 속에서, 석문섭 목사님의 '잠깐묵상'은 일상의 언어로 풀어낸 지혜와 통찰을 통해 우리의 마음과 영혼을 깨우고 울립니다. 이 귀한 책을 통해 그 깊은 영성을 함께 경험할 수 있음에 감사드립니다.
　오늘도 세상을 살아내야 하는 모든 그리스도인들이 '잠깐묵상'을 통해 일상의 승리를 맛보게 되기를 소망합니다.

백종호 히즈쇼 대표

　말씀 묵상은 단순한 습관이 아니라, 하나님의 마음에 다가가는 가장 본질적인 여정입니다. 본서는 성경 본문에 충실하면서도, 일상의 언어로 녹여낸 깊이 있는 묵상이 돋보입니다. 특히 오늘날처럼 영적 길을 찾기 어려운 시대에, 이 책은 독자들에게 분별력 있는 신앙의 나침반이 되어 줄 것입니다.

박선호 단국대학교 기계공학과 교수

　번잡한 세상 속에서 길을 잃고 헤매던 중, 한 줄기 빛처럼 이 책을 만나게 되었습니다. 석문섭 목사님의 깊은 통찰력은 저의 시간과 생각을 멈추게 하고, 온전히 하나님의 음성에 집중하도록 이끌어 주었습니다. 이 책을 통해 하나님께서 제 삶의 모든 영역에서 이미 말씀하고 계심을, 그리고 제가 두려워해야 할 존재는 세상이 아니라 오직 하나님뿐임을 깊이 확인할 수 있었습니다. 다시 저에게 다가와 굳건히 붙들어 주신 하나님께 감사의 기도를 올립니다.

서문

성경은 행간이 상당히 넉넉한 책입니다. 겉보기에는 글씨가 빼곡히 적혀 있는 것 같지만, 막상 읽어 보면 그 사이사이가 뜻밖의 여백으로 채워져 있음을 발견하게 됩니다. 그 여백은 마치 하나님의 품과 같습니다. 하나님은 성경의 행간에 넉넉한 공간을 마련해 두시고 그곳으로 우리를 초대하십니다. 구원의 서사 속에 우리의 서사를 가지고 들어오라고 손짓하십니다.

묵상이란, 그 초청에 응답하는 일입니다. 내 삶을 끌고 성경의 행간으로 들어가 그곳에 머물러 있다 보면 성경의 서사가 내 삶에 흘러들어옵니다. 마치 씨줄과 날줄이 엮여 하나의 직물이 되듯, 진리의 말씀과 우리의 일상이 교차하며 무늬를 만들어 냅니다. 그리스도인의 삶과 인격에는, 말씀과 함께 짜여진 저마다의 패턴이 존재합니다.

'잠깐묵상'은 그런 교직물의 일부입니다. 저희 교회 성도님들과 매일 함께 성경을 읽으며 글을 쓰기 시작했습니다. 말씀을 묵상하며 제가 받은 은혜를 기록했고, 이해하기 어려웠던 구절과 씨름한 흔적을 글로 남기기도 했습니다. 어떤 날은, 그날 만났던 성도님의 사정을 놓고 기도하며 펜을 들었습니다. 또 어떤 날은, 성경을 읽다가 생긴 의문이라며 성도님이 전해 주신 내용에 답을 해 보기도 했습니다. 그렇게 하루하루 나누었던 글들이 책으로 엮이게 되니, 그저 놀랍고 감사할 따름입니다.

하나님께 마음을 기울이는 데 이 책이 조금이나마 도움이 되었으면 좋겠습니다. 삶의 무게 중심이 하나님 안에 놓일 때 주어지는 단단한 안정감이 있습니다. 안정감이 있으면 바빠도 분주하지 않습니다. 무게 중심을 확인하는 데는 잠깐이면 충분합니다. <바쁜 하루, 잠깐묵상>이 바로 그런 '잠깐'이 되기를 기도합니다.

아침마다 '잠깐묵상'을 기다리며 애독해 주신 형제자매님들이 계셨습니다. 그분들 덕분에 제가 말씀의 끈을 놓지 않고 붙잡을 수 있었습니다. 책 출간소식과 더불어 감사의 인사를 전합니다. 책이 만들어지는 모든 과정을 도맡아 주신 남궁현 대표님과 김용환 대표님께도 깊은 감사를 드립니다. 저자보다 더 큰 애정을 쏟아 주신 두 분께 사랑의 빚을 졌습니다. 내 것, 네 것 따지지 않고 기꺼이 짐을 나누어 지는 베이직교회 동역자들에게도 감사를 드립니다. 무엇보다도, 한참 부족하고 젊은 목사에게 교회의 온 성도들과 묵상을 나눌 수 있도록 장을 허락해 주신 조정민 목사님께 존경과 감사의 마음을 드립니다. 유튜브에 올릴 묵상을 녹음한다고 목사님 방을 사용할 때마다 까마득한 후배를 위해 자리를 내어주셨던 배려에 죄송함과 감사함이 늘 마음 한켠에 남아 있습니다.

매일 저녁과 밤 시간을 오롯이 저에게 내어 준 나의 아내, 선혜의 깊은 배려 덕분에 저는 마음 놓고 말씀 속으로 뛰어들 수 있었습니다. 이 책의 모든 글은 아내의 땀을 잉크 삼아 쓰였다고 해도 과언이 아닙니다. 사랑하는 아내에게 고마움 이상의 마음을 전합니다. 사랑하는 린아, 준아. 이 책에는 말씀에 반응한 아빠의 내면이 고스란히 담겨 있단다. 언젠가 너희가 이 책을 읽을 나이가 되었을 때, 아빠의 글을 통해 하나님께 한 걸음 더 가까이 다가갈 수 있다면 아빠는 더할 나위 없이 행복할 거야.

2025년 8월
석문섭

목차

추천사_ 3
서문_ 7

1장
내 마음의 생김새를 마주하다

• 쉼

쉬어도 쉬는 것 같지 않을 때_ 022
피하고 싶은 현실 앞에서_ 024

• 불안

불안, 강박, 그리고 존재의 용기_ 027
더 큰 두려움을 향해_ 029

• 두려움

창조된 평안_ 031
크고 두려우신 하나님_ 033

• 교만과 겸손

내향형 교만_ 035
매일 내려오는 연습_ 037
할 일 다 마친 후에_ 040

• 질투

땅끝까지 쫓아가다_ 042
시기심을 어떻게 다스릴까_ 044
질투, 자가면역질환_ 046

◆ 분노

다윗 안에 사울 있다_ 048
분노 마려운 세상_ 050

◆ 탐욕

탐심이 트렌드_ 053
지혜가 무용지물이 되다_ 056
천국이 아니면 채울 수 없는 크기_ 058
돈 만진 손 씻기_ 060

◆ 언어

진리로부터 우러나오는 맑은 말_ 062
대답할 가치가 없는 말_ 064
침묵으로 헤아린 섭리_ 066

◆ 자유

시선으로부터 자유롭다_ 068
자유로부터 자유롭다_ 070

◆ 기쁨

바닥에서 캐낸 기쁨_ 073
80억의 찬사보다 더 큰 기쁨_ 075
기쁨을 선택하는 즐거움_ 077
울어도 괜찮은 기쁨_ 079

2장
뜻밖에 만난 하나님의 뜻

◆ 의외

몰라서 다행_ 084
뜻밖에 만난 하나님의 뜻_ 086
머리 쓰다가 망한 유다_ 088

◆ 신비

우연과 필연의 상관관계_ 091
노아의 침묵_ 093

◆ 역설

성령에 이끌려 마귀를 만나다_ 095
비극을 통해 알게 된 간극_ 097

◆ 선과 악

손익분기점과 선악분기점_ 099
보이는 것 너머의 세계_ 102
악의 고리를 끊는 능력_ 104
형통하게 사느라 고통스러운_ 106
악한 자를 돕는 하나님_ 108

◆ 교차

역사의 두 무늬_ 110
중첩 superposition_ 112
하나님이 등장하지 않는 성경_ 114

◆ 여지

뒤늦게 생각나는 기쁨_ 116
개입하지 않으시는 하나님_ 119
빈칸을 남기는 믿음_ 121
해석의 여지_ 123

3장
나는 도대체 무엇을 믿는 걸까?

◆ 시작

신앙은 언제 생기는 것일까?_ 128
보여주면 믿을까?_ 130
너희가 택한 신들_ 132

◆ 방향

몰라서 하는 소리_ 134
눈을 감으면 보이는 세계_ 137
종교라는 착각_ 139
신앙과 착각 사이_ 141

◆ 대상

되물을 수 있는 믿음_ 144
하나님이 없다 하도다_ 146

◆ 본질

우상 숭배가 매력적인 이유_ 148
귀신의 신앙고백_ 150
나만 섬기라는 하나님, 속이 좁으신걸까?_ 152
나무 상자 속 하나님_ 154

◆ 변질

이성의 칼날로 할례를 행하다_ 156
만들어진 신 The god delusion_ 158
종교 상품 소비자_ 160
우상이 된 전통을 깨뜨리다_ 162
종교가 탄생시킨 괴물_ 164

◆ 기준

눈 뜨라고 부르는 소리 있어_ 166
인식이 존재를 규정하다_ 169
믿고 싶은 신, 믿을 만한 신_ 171

4장
자기 밖에 모르는 인간

• 자기중심성

뉴럴 링크보다 크루시링크_ 176
치료받고 싶지 않은 질병_ 179
관상용 열매, 선악과_ 182

• 인정

자기중심성의 발견_ 184
충분한 일주일_ 186
삶의 변화는 언제 어떻게 시작될까_ 188
손절하기 어려운 이유_ 190

• 자기 안

감옥이 되어 버린 도시_ 192
자기 안에 갇혀 지내는 이들에게_ 194

◆ 참상

말씀이 이루어지다_ 196
악의적 사실과 선의의 거짓말_ 198
자기 말만 하는 인간_ 200
자존심 상하는 일_ 202

◆ 자기 밖

지독하게도 자기 밖에 모르는 인간의 구원_ 204
사랑만으로 충분한 이유_ 207

5장
매일 내리던 만나가 그치다

◆ 위로

고단한 하루의 끝에_ 212
위로를 원하지 않는 슬픔_ 214

◆ 회복

너희가 내 손에 있느니라_ 216
CPR하시는 하나님_ 218

◆ 사랑

하나님의 편애_ 220
버려진 자를 거두시다_ 222
하나님은 사랑이심이라_ 224

◆ 용납

유다가 내민 오리발_ 226
무엇이 믿음인가_ 228

◆ 기억

생각하고 기억하며 살다_ 230
하나님이 나를 잊으셨을까_ 232

◆ 관계

사역하다 지치는 이유_ 234
천 년이 두 번 지나도_ 236
노래 부르시는 하나님_ 238
부족해도 괜찮습니다_ 240

◆ 은혜

은혜에 의한 믿음_ 242
하나님의 오만가지 생각_ 244
하늘에서 내리던 은혜가 그칠 때_ 246

"나는 마음이 온유하고 겸손하니 나의 멍에를 메고 내게 배우라
그리하면 너희 마음이 쉼을 얻으리니 이는 내 멍에는 쉽고
내 짐은 가벼움이라 하시니라"
(마 11:29-30)

1장
내 마음의 생김새를 마주하다

쉼

불안

두려움

교만과 겸손

질투

분노

탐욕

언어

자유

기쁨

| 쉼 1

쉬어도 쉬는 것 같지 않을 때

수고하고 무거운 짐 진 자들아 다 내게로 오라 내가 너희를 쉬게 하리라
(마 11:28)

 직장일이든, 아이를 양육하는 일이든, 공부하는 일이든 무슨 일이든 계속하다 보면 쉬어야겠다는 생각이 듭니다. 때로는 몸이 경고를 보내기도 하고 건강상의 어려움이 찾아오기도 합니다. 그러면 억지로라도 쉬어야 합니다.

 그런데 쉰다고 쉬어지느냐가 문제입니다. 상사가 쉬는 시간을 줄 수 있을지는 몰라도 쉼 자체를 줄 수는 없습니다. 병원이 수면제를 처방해 줄 수 있을지는 몰라도 잠을 처방할 수는 없습니다. 쉬는 것은 온전히 내 몫입니다. 쉴 수 있는 여건이 마련되어도 막상 어떻게 쉬어야 하는지, 어떻게 쉼을 누려야 하는지 알지 못하고 어영부영하다가 쉬는 시간을 다 보낼 때도 있지 않습니까? 일하는 법은 배웠지만 쉬는 법을 배워 본 적 없는 우리는 쉼의 대용품들을 소비하는 것을 쉼이라고 착각할 때가 많습니다.

 창세기 1장에서 인간이 존재하기 시작한 직후 가장 처음 맞이한 새 날은 안식일이었습니다. 천지창조의 순서에 따르면 인간은 쉼을 먼저 배우고 일을 배웠습니다. 즉, 인간이 처음 맛본 쉼은 '하던 일

을 멈추는' 개념이 아니었습니다. 멈춰야 할 일이 애초에 존재하지 않기 때문입니다. 아담과 하와가 가장 처음 누렸던 쉼은 관계를 확인하는 것이 전부였습니다. 하나님과 나와의 관계, 그리고 나와 너의 관계, 마지막으로 나 자신과의 관계입니다. 쉼의 본질은 일을 중단하는 것이 아니라 관계를 누리는 것입니다.

 관계가 틀어진 인간은 그 어떤 편안한 여건이 주어져도 결코 쉴 수 없습니다. 좋은 침대에서 자면 편안할까요? 비수가 꽂힌 가슴을 부여잡고는 절대 편안하게 발을 뻗지 못합니다. 싸운 부부에게 궁궐 같은 집과 명품 침대가 무슨 소용이 있겠습니까?

 세상에 다양한 쉴거리, 놀거리가 있습니다. 어쩌면 문제의 본질을 잠시 잊게 도와주는 임시방편인지도 모르겠습니다. 약빨이 떨어질 즈음 다시 찾게 만드는 진통제와도 같습니다.

 "나는 마음이 온유하고 겸손하니 나의 멍에를 메고 내게 배우라 그리하 면 너희 마음이 쉼을 얻으리니 이는 내 멍에는 쉽고 내 짐은 가벼움이라 하시니라"(마 11:29-30)

 예수님은 하던 일을 멈추게 해 주겠다고 하지 않으십니다. 워라밸을 보장하시겠다고 하지 않으십니다. 오히려 멍에를 같이 메고 내 짐을 같이 지자고 하십니다. 관계를 맺자는 의미입니다. 진정한 쉼이 거기서부터 비롯되기 때문입니다.

내 마음의 생김새를 마주하다

| 쉼 2

피하고 싶은 현실 앞에서

여호와여 내가 주께 피하오니 나를 영원히 부끄럽게 하지 마시고 주의 공의로 나를 건지소서
(시 31:1)

너무 힘이 들어서
피하고 싶은 순간도 있고

두려워서
피하고 싶은 순간도 있고

더러워서
피하고 싶은 상황도 있습니다.

재수가 없어서
피하고 싶은 사람이 있고

귀찮아서
피하고 싶은 문제가 있습니다.

그런데 무언가를 피해야만 할 때,
잘 피해야 합니다.

'무엇을 피하느냐'보다 더 중요한 건
'어디로 피하느냐' 아닐까요?

잘못 피하면 현실 도피가 되고
잘못 피했다가 피해 의식에 사로잡히기 때문입니다.
다윗은 피하는 데 도가 튼 사람입니다.
인생의 절반을 피해 다녔습니다.

젊은 시절엔 사울을 피해 다녔고
늙어서는 압살롬을 피해 도망 다녔습니다.

다윗이 그렇게 피해 다니면서도
자신을 죽이려는 사울을
저주하지 않을 수 있었던 이유는 무엇이었을까요?

아버지를 죽이려는 아들, 압살롬에게
분노를 쏟아놓지 않을 수 있었던 이유는 무엇이었을까요?

그가 늘 주님께 피했기 때문입니다.

모든 것을 다 직면할 수 있는
용기와 힘이 있다면 좋겠지만
때로는 마음먹을 힘조차 없을 때도 있습니다.

그럴 때는 도망칠 줄도 알아야 하고
피할 줄도 알아야 합니다.

중요한 건 어디로 피하느냐입니다.
조약돌을 피하다가 수마석을 만난다면
안 피하느니만 못하지 않을까요?

돈(money)과 성(sex)과 힘(power)이
현실적 대안인 것처럼 보이지만
그것들은 탈출구가 아니라
미로의 입구입니다.

피난처가 아니라
덫입니다.

다윗에게 하나님은
생생한 현실이었습니다.

따라서 그가 하나님께 피했던 것은
현실 도피가 아니라 현실 직면이었습니다.

삶을 직면할 용기는
하나님과의 대면에서 나옵니다.

"주께 피하는 자를 위해
인생 앞에 베푸신 은혜가 어찌 그리 큰지요"
(시 31:19)

| 불안 1

불안, 강박, 그리고 존재의 용기

두려워하지 말라 내가 너와 함께 함이라 놀라지 말라 나는 네 하나님이 됨이라 내가 너를 굳세게 하리라 참으로 너를 도와 주리라 참으로 나의 의로운 오른손으로 너를 붙들리라
(사 41:10)

인간의 두려움은 크게 두 가지입니다. 공포(fear)와 불안(anxiety)입니다. 공포란 특정할 수 있는 구체적인 대상에 대해 느끼는 두려움입니다. 예를 들어 높은 데 올라갔을 때, 호러 영화를 볼 때, 물에 빠졌을 때, 교통사고가 나는 순간 이런 경우에 느끼는 감정이 공포입니다. 그래서 공포는 두려움을 주는 대상을 파악하고 제거하는 방법으로 극복이 가능합니다.

반면에 불안은 구체적인 대상이 없습니다. 아무런 외부적 자극이 없는 상태에서도, 별일 없이 평안하게 지내는 상황에서도 느낄 수 있는 것이 불안입니다. 불안하기는 한데 왜 불안한지, 무엇 때문에 불안한지 알 수 없는 것이 불안이라는 것입니다.

그래서 불안은 어떤 행동을 하거나 환경에 변화를 준다고 해도 좀처럼 해결되지 않습니다. 다만, 왜 하는지도 모르는 행동들을 강박적으로 반복할 뿐입니다. 단적인 예로 손톱을 물어뜯거나, 다리

를 떨거나, 입술을 깨물기도 하고, 이유 없이 분주합니다. 지나치게 자주 씻기도 하고, 심한 경우에는 반복적으로 자해를 하기도 합니다.

인간은 정도의 차이가 있을 뿐이지 누구나 불안합니다. 우리가 불안한 가장 근본적인 이유는 '존재하기 때문'입니다. 인간은 존재하는 한 불안합니다. 왜냐하면 존재는 언제나 존재하지 않을 가능성을 내포하고 있기 때문입니다.

내가 죽어서 존재하지 않게 될까 봐 불안하고, 내 존재가 무시당할까 봐 불안하고, 내 존재가 잊힐까 봐 불안합니다. 행복한 순간에도 내가 누리는 행복이 사라질까 봐 불안하고, 사랑을 하는 순간에도 사랑이 떠나갈까 봐 불안합니다. 자녀가 부모에게 말로 다 할 수 없는 기쁨을 주기도 하지만, 부모는 사랑하는 자녀에게 혹시 무슨 일이 생기지 않을까 늘 걱정입니다. 인간은 사랑하면서도, 행복하면서도 동시에 불안합니다. 이런 불안을 존재론적 불안이라 합니다.

인간이 존재하는 한 필연적으로 불안하기에 내 존재를 굳게 붙들어 줄 다른 존재가 반드시 필요합니다. 불안은 내 존재를 붙들어주는 다른 존재를 통해서만 해결될 수 있습니다.

성경은 내 존재를 붙들어주는 존재 너머의 존재를 소개합니다. 스스로 존재하는 분의 존재는 불안을 극복하는 근원적 힘이고 우리 존재의 용기이십니다.

| 불안 2

더 큰 두려움을 향해

너는 그들을 두려워하지 말라 너희의 하나님 여호와 곧 크고 두려운 하나님이 너희 중에 계심이니라
(신 7:21)

  우리는 흔히 두려움을 극복해야 평안을 얻을 수 있다고 생각합니다. 그러나 성경은 단순히 두려움을 없애라고 말하지 않습니다. 하나님은 "그들을 두려워하지 말라"고 하시면서, 동시에 자신을 "크고 두려운 하나님"이라고 선언하십니다. 두려움의 유무보다 중요한 것은 두려움의 대상이라는 것입니다. 세상은 "두려움을 극복하라"고 하지만, 성경은 이렇게 말합니다. "두려워할 분을 두려워하라."

  인간은 본질적으로 두려움 속에 살아갑니다. 가난이 두렵고, 실패가 두렵고, 타인의 평가가 두렵습니다. 늙어가는 것이 두렵고, 병드는 것이 두렵고, 잊혀지는 것이 두렵습니다. 죽음이 두렵고, 삶의 공허가 두렵습니다. 우리는 이러한 두려움을 극복할 수 있다고 믿지만, 실제로는 극복이 아니라 망각에 불과할 때가 많습니다. 돈, 젊음, 패기, 인기, 성공, 바쁨, 재미 등에 가려져 있을 뿐, 그것들이 사라질 때 두려움은 다시 모습을 드러냅니다.

그 두려움을 이기는 길은 그것을 억누르는 것이 아니라, 더 크고 절대적인 두려움, 즉 하나님을 향한 경외심 안으로 들어가는 것입니다. "몸은 죽여도 영혼은 능히 죽이지 못하는 자들을 두려워하지 말고 오직 몸과 영혼을 능히 지옥에 멸하실 수 있는 이를 두려워하라"(마 10:28)

두려움은 칼과 같습니다. 두려움 때문에 삶이 갈기갈기 찢길 수도 있고, 두려움을 통해 인생이 아름답게 다듬어질 수도 있습니다. 세상을 두려워하면 우리는 난도질당하지만, 하나님을 두려워하면 우리는 조각됩니다. 그러나 세상이 휘두르는 두려움의 칼은 하나님을 향한 두려움마저 도려내려 합니다. 사람들은 인자한 미소만 짓는 형상을 조각해 놓고, 그것을 하나님이라 믿고 싶어 합니다. 자비를 말하며 경외를 지우고, 사랑을 강조하며 공의를 외면합니다. 하나님을 친절한 수호신으로 여기지만, 거룩한 주권자로 경배하지는 않습니다.

부모를 두려워할 줄 모르는 아이들이 버릇없어지듯, 하나님을 두려워할 줄 모르는 신앙은 점점 자기중심적으로 변합니다. 이기심은 두려움과 불안을 더욱 부추깁니다. 결국 자기밖에 모르다가 자기 안에 갇혀, 다시 두려움과 불안 속에서 허덕이게 되는 것입니다. 성경은 우리를 크고 두려운 하나님, 참된 두려움의 대상 앞에 세웁니다. 두려움을 없애기보다 두려움의 대상을 바꾸라고 말씀합니다. 자기밖에 모르는 우리에게 하나님을 아는 지식을 가르칩니다.

| 두려움 1

창조된 평안

이날 곧 안식 후 첫날 저녁 때에 제자들이 유대인들을 두려워하여 모인 곳의 문들을 닫았더니 예수께서 오사 가운데 서서 이르시되 너희에게 평강이 있을지어다
(요 20:19)

사흘 전, 도저히 받아들이기 힘든 일이 제자들에게 일어났습니다. 지난 3년간 가족처럼 지냈던 사람들 중 두 사람이 죽었습니다. 한 명은 자살했고 또 한 명은 사형당했습니다. 자살한 사람은 동료였고, 사형당한 사람은 스승이었습니다. 나머지 11명은 무엇을 했을까요? 그들은 배신했습니다.

예수님께 맹세했던 충성과 3년간 동고동락하며 쌓았던 서로 간의 우정이 한순간에 산산조각 났습니다. 서로에 대한 배신감과 자신에 대한 실망은 말로 다 할 수 없는 상처였을 것이고, 스승과 동료의 죽음은 강력한 트라우마로 자리 잡았을 것입니다.

인간이 참 악합니다. 간도 쓸개도 다 내어줄 것 같다가도 언제 그랬냐는 듯 돌아서고, '너 아니면 안 된다'고 하다가도 얼굴 안 보면 끝입니다. 십자가 사건 직후 제자들은 그저 남이 되어 흩어졌습니다.

"이날 곧 안식 후 첫날 저녁 때에 제자들이 유대인들을 두려워하

여 모인 곳의 문들을 닫았더니"

나 몰라라 뿔뿔이 흩어졌던 제자들이 한자리에 모였습니다. 보고 싶고 미더워서가 아니라 유대인들이 두려웠기 때문입니다. 잡혀 죽을지도 모른다는 극심한 공포가 그들을 한자리에 모았습니다. 그들은 자신들의 마음 문처럼 모인 곳의 문을 걸어 잠갔습니다.

공황장애를 앓아도 이상하지 않을 그들에게 예수님께서 찾아오셔서 이렇게 말씀하십니다. **"너희에게 평강이 있을지어다"**

불안한 상황을 해결해 주신 것도 아니었고, 불안한 감정을 잊어버리게 해 주신 것도 아니었습니다. 그들 안에 평안을 창조하셨습니다. 그것은 혼돈과 공허 속에 "빛이 있으라" 하셨던 태초의 선포와 같은 것이었습니다.

평안의 재료조차 없는 우리의 내면에 주님은 무에서 유를 창조하시듯 평안을 만드십니다. 이 평안은 내 존재 전체를 붙잡는 중력과도 같아서, 이 평안 덕분에 불안 가운데서도 균형을 잡습니다.

우리는 그리스도 안에서 창조된 평안을 누립니다.

| 두려움 2

크고 두려우신 하나님

노소를 막론하고 백성과 군대 장관들이 다 일어나서 애굽으로 갔으니 이는 갈대아 사람을 두려워함이었더라
(왕하 25:26)

고대 근동을 주름잡았던 두 강대국이 있었습니다. 이집트와 바빌로니아입니다. 이집트는 오랜 시간 터줏대감과 같은 존재였고, 바빌로니아는 급부상하는 신흥 세력이었습니다. 이 두 열강 사이에 낀 남유다는 친이집트파와 친바빌로니아파로 내분됩니다. 남유다에 바빌로니아의 간섭이 극심해질 무렵, 나라 전체가 친이집트적 성향으로 기울게 되고 바빌로니아가 두려웠던 남유다는 결국 이집트의 손을 잡습니다.

"노소를 막론하고 백성과 군대 장관들이 다 일어나서 애굽으로 갔으니 이는 갈대아 사람을 두려함이었더라"(왕하 25:26)

남유다에게는 착시 현상이 나타났습니다. 이집트가 내 편이 되어 줄 것이라는 착시 현상입니다. 그들은 이집트가 자신들을 도와줄 것이라고 확신했습니다. 이집트가 남유다에 주둔하고 있는 바빌로니아군을 몰아내 주고 남유다의 평화를 지켜줄 것이라는 믿음이 생겼습니다. 도대체 무슨 근거로 그런 결론에 다다른 것일까요? 바빌로니아에 대한 두려움입니다. 바빌로니아에 대한 두려움이 이집

트에 대한 믿음을 키운 것입니다.

두려움은 객관적인 판단 능력을 상실하게 만듭니다. 상황에 쫓겨서 내린 결정, 불안 속에 떨며 내린 결정은 대체로 상황을 더 악화시키곤 합니다. 배고플 때 장을 보면 모든 음식이 맛있어 보여서 불필요한 식재료를 충동 구매하게 되는 것처럼 말입니다.

성경은 하나님 두려운 줄 모르는 사람들이 어떤 두려움에 사로잡히는지를 보여줍니다. 하나님에 대한 두려움을 잃으면 인간은 두려워하지 않아도 될 것을 두려워하게 됩니다. 두려워하지 않아도 될 것을 두려워하면, 믿어서는 안 되는 것을 믿게 됩니다.

"너희의 하나님 여호와는 신 가운데 신이시며 주 가운데 주시요 크고 능하시며 두려우신 하나님이시라"(신 10:17)

두려워해야 할 존재를 두려워할 줄 아는 것이 경외심입니다. 그러나 두려워하지 않아도 될 것을 두려워하는 것은 망상이고 불안이며 공포입니다. 사람이 경외심에 사로잡히면 모든 감각이 살아나지만, 두려움에 사로잡히면 감각이 마비됩니다. 경외심은 우리로 하여금 강력한 자발성을 띠게 하지만, 두려움 속에서 우리는 무기력해질 뿐입니다. 경외심은 우리에게 지혜를 선물하지만, 두려움은 겁을 불어넣습니다. 그래서 경외심 속에 담대해지고, 두려움 속에 비겁해지는 것입니다.

"여호와를 경외하는 것이 지식의 근본이거늘 미련한 자는 지혜와 훈계를 멸시하느니라"(잠 1:7)

| 교만과 겸손 1

내향형 교만

너희는 들을지어다, 귀를 기울일지어다, 교만하지 말지어다, 여호와께서 말씀하셨음이라

(렘 13:15)

교만한 사람의 특징이 있습니다. 자신의 성취나 능력을 과시하거나 자기가 타인보다 우월하다는 것을 입증하는 데 열심입니다. 자신보다 우월한 사람에게는 쉽게 경쟁의식을 느끼고, 자기보다 열등하다고 생각되면 무시하기 일쑤입니다. 이처럼 거드름을 피우거나 어깨에 힘이 잔뜩 들어가 있거나 으스대는 것은 교만한 사람의 전형적인 모습입니다.

그런데 잘 드러나지 않는 은밀한 교만도 있습니다. 외향형 교만이 있는가 하면, 내향형 교만도 있다는 것입니다. 내향형 교만은 겉보기에는 겸손처럼 보이기도 해서 그가 교만한지 잘 알아차리지 못하는 경우가 많습니다.

온화하고 부드럽고 상냥하고 너그럽지만, 그 속에는 교만이 똘똘 뭉쳐 있습니다. 내향형 교만의 가장 큰 특징은 타인의 말을 귀담아 듣지 않는다는 것입니다. 경청의 모양과 태도는 완벽한데, 속으로는 듣지 않습니다. 듣는 내내 판단하고 제멋대로 결론을 내립니다. 이야기를 다 들어 놓고 결국 자기 마음대로 생각합니다.

외향형 교만보다 내향형 교만이 훨씬 질이 나쁠지도 모르겠습니다. 자신과 타인을 속이는 일이기 때문입니다.

"너희는 들을지어다, 귀를 기울일지어다, 교만하지 말지어다, 여호와께서 말씀하셨음이라"(렘 13:15)

성경은 교만하지 말라는 것과 귀를 기울이라는 것을 동일선상에서 다루고 있습니다. 귀를 닫고 듣지 않는 것이 교만의 본질이라는 것입니다. 늘 방어적이며, 핑계와 변명, 이유가 항상 마련되어 있는 것은 그가 교만하다는 증거 아닐까요?

"사무엘이 이르되 여호와께서 번제와 다른 제사를 그의 목소리를 청종하는 것을 좋아하심 같이 좋아하시겠나이까 순종이 제사보다 낫고 듣는 것이 숫양의 기름보다 나으니"(삼상 15:22)

교만하기 때문에 예배와 예물을 드리는 일에 열심을 낼 수 있습니다. 사울은 자신의 체면을 구기지 않기 위해서 예배를 드렸던 사람입니다. 그러나 교만해서는 절대 할 수 없는 것이 있습니다. 바로 순종입니다. 교만의 치료는 청종으로 시작되며, 순종으로 완성됩니다.

내가 교만한 줄 아는 것이 겸손이고 내가 솔직하지 못하다고 고백하는 것이 진실함이듯, 내가 의로움과는 아무 상관이 없는 죄인임을 시인하는 태도가 하나님이 보시기에 의롭다는 것입니다. 조금 더 정확하게는 여전히 죄인이지만 의롭다고 여겨주실 뿐입니다.

| 교만과 겸손 2

매일 내려오는 연습

너의 마음의 교만이 너를 속였도다 바위 틈에 거주하며 높은 곳에 사는 자여 네가 마음에 이르기를 누가 능히 나를 땅에 끌어내리겠느냐 하니 네가 독수리처럼 높이 오르며 별 사이에 깃들일지라도 내가 거기에서 너를 끌어내리리라 여호와의 말씀이니라
(옵 1:3-4)

오바댜서는 에돔에 관한 경고입니다. 에돔은 원래 이스라엘과 한 배에서 나온 형제이지만, 두 민족은 서로 다른 길을 걸었습니다.

이스라엘은 유목 생활을 하다가 이집트로 들어간 뒤, 그곳에서 430년간 노예 신세로 전락했습니다. 그와는 반대로 에서는 세일산 근처에 정착하고 제대로 자리를 잡습니다. 이스라엘 민족이 종살이를 하는 동안 에돔은 강력한 도시 국가를 형성하고 왕정을 시작할 정도로 잘나가는 민족이 된 것입니다.

다윗 시대에 와서야 상황이 역전됩니다. 다윗이 소금 골짜기에서 에돔을 상대로 대승을 거둔 뒤, 에돔은 이스라엘의 속국이 됩니다. 그러다 앗시리아의 힘이 강성해지자 에돔은 앗시리아에 빌붙어 이스라엘로부터 독립합니다. 세월이 흘러 바빌로니아가 신흥 강국으로 부상하던 시절에는 바빌로니아에 붙어서 생존을 꾀했습니다.

이로부터 에돔은 힘에 굉장히 민감했던 민족이라는 것을 알 수 있습니다. 서열이 중요한 사람들이었습니다. 자신이 서열 1위가 되거나, 그게 안 되면 강자 쪽에 붙어 강자 노릇을 해왔습니다. 약자와 자신을 분리하고 강자와 자신을 동일시하는 태도는 비겁한 사람들의 전형적인 특징입니다.

"너의 마음의 교만이 너를 속였도다 바위 틈에 거주하며 높은 곳에 사는 자여 네가 마음에 이르기를 누가 능히 나를 땅에 끌어내리겠느냐 하니"(옵 1:3)

하나님은 에돔을 향해 '교만이 너를 속였다'고 말씀하십니다. 교만은 내가 나 자신에게 속은 상태입니다. 내가 나에게 속고, 내가 나를 속여서 주제 파악을 못 하고 있는 상태가 바로 교만이라는 것입니다.

에돔은 남들보다 조금 더 잘살게 되자 뭐가 된 줄로 착각했습니다. 다윗에 의해 패배를 맛보았지만, 자신이 약하다는 것을 절대 인정하지 않았습니다. 앗시리아에 빌붙어서는 마치 자신이 강대국이라도 된 것처럼 굴었습니다. '누가 능히 나를 끌어내리겠느냐?' 이것이 에돔이 마음속으로 늘 품고 있던 생각이었습니다. 그런 에돔을 향해 하나님이 말씀하십니다.

"네가 독수리처럼 높이 오르며 별 사이에 깃들일지라도 내가 거기에서 너를 끌어내리리라 여호와의 말씀이니라"(옵 1:4)

교만은 결국 내가 하나님 자리에 올라앉는 것입니다. 아무 것도 아니면서, 뭐가 된 줄로 알다가, 하나님이 되고 마는 것이 교만입니다. 하지만 우리는 하나님이 벼르고 계신다는 것을 알아야 합니다.

우리에게 필요한 것은 날마다 내려오는 연습이 아닐까요? 매일 연습하지 않으면 나도 모르게 저만치 높아져서, 내려오고 싶어도 두려워서 못 내려오게 될 것입니다. 착지가 불가능한 높이까지 올라간 후에는 추락할 일만 남습니다.

우리에게 필요한 것은
날마다 내려오는 연습입니다.

| 교만과 겸손 3

할 일 다 마친 후에

모세가 브살렐과 오홀리압과 및 마음이 지혜로운 사람 곧 그 마음에 여호와께로부터 지혜를 얻고 와서 그 일을 하려고 마음에 원하는 모든 자를 부르매
(출 36:2)

집을 지을 때, 건축가의 설계 실력만큼 중요한 것은 시공사의 실력입니다. 아무리 설계를 잘해도 그것을 실현할 수 있는 기술이 없다면 그림의 떡일 뿐입니다.

출애굽기에는 설계도 위의 성막을 현실화할 수 있는 능력자 두 사람의 이름이 나옵니다. 브살렐과 오홀리압인데, 브살렐은 금속을 다루는 기술자였고, 오홀리압은 집을 짓는 기술자였습니다. 이스라엘 사람들 중 그 분야 최고의 전문가였을 것입니다. 이 두 사람이 맡은 책임은 막중했습니다. 그리고 자부심을 가져도 될 만한 일이었습니다. 하나님이 거하실 공간을 만드는 일이었으니까 말입니다.

이들은 광야 40년 동안 자신들이 만든 성막을 보면서 지냈을 것입니다. 완성된 성막을 볼 때마다 두 사람은 어떤 생각을 했을까요? 하나님의 처소를 짓는 영광에 참여했다는 사실에 감격스러웠을 수도 있고, 한편으로는 내심 '내가 말이야 성막 만든 사람이야.'

'저거 내가 만들었어' 그랬을 수도 있겠습니다. 마음속 깊은 곳에서, 잡초처럼 자라나는 교만과 싸우는 순간들이 있지 않았을까요?

하나님이 일을 맡겨 주실 때, 남이 잘하지 않는 일을 하거나 아무나 할 수 없는 일을 할 때, 그리고 그 일을 잘해냈을 때 우쭐한 마음이 드는 것은 인지상정입니다.

브살렐과 오홀리압에게는 '성막을 만든 대단한 사람'이라는 수식어가 평생 따라다녔을 것입니다. 그래서 두 사람은 교만과 생색이라는 것과 싸우며 일생을 보냈는지도 모르겠습니다. 눈에 보이는 성막은 수개월 만에 완성했지만, 자신의 인생을 성막으로 세워가는 데는 일생이 걸립니다.

"이와 같이 너희도 명령 받은 것을 다 행한 후에 이르기를 우리는 무익한 종이라 우리가 하여야 할 일을 한 것뿐이라 할지니라"(눅 17:10)

일을 하고는 뒷정리를 잘해야 합니다. 뒷정리란 내 마음에 남은 교만과 생색을 정리하는 것까지가 아닐까요?

겸손, 내 마음에 성막이
준공되었다는 표시입니다.

| 질투 1

땅끝까지 쫓아가다

그러나 유대인들은 시기하여 저자의 어떤 불량한 사람들을 데리고 떼를 지어 성을 소동하게 하여 야손의 집에 침입하여 그들을 백성에게 끌어내려고 찾았으나
(행 17:5)

 바울의 전도 여행팀을 늘 괴롭혔던 것은 이방인이 아니라 유대인이었습니다. 바울 일행은 가는 곳마다 그곳에 거주하는 유대인들과 부딪혔습니다. 유대인들이 바울 일행을 싫어했던 이유에 대해 성경이 반복적으로 언급하는 것은 바로 시기심입니다. 유대인들이 고수하던 종교적 가치와 전통이 흔들리는 것 때문이라고 표현하지 않고 시기심, 질투 때문이라고 하는 것이 인상 깊습니다.

 자신들만이 향유해 왔던 특권을 이방인들과 같이 나누는 것이 용납되지 않는 것입니다. 맛있는 음식을 나눠 먹어야 하는 상황이 싫은 것입니다. 어느 정도로 싫었을까요? 깡패를 동원해서 훼방을 놓을 정도로 싫었습니다. 사람을 쓰는 데 비용이 한두 푼 들지는 않았을 것입니다. 바울의 입을 막을 수만 있다면 자기 돈 쓰는 것이 아깝지 않았습니다.

 "데살로니가에 있는 유대인들은 바울이 하나님의 말씀을 베뢰아에서도 전하는 줄을 알고 거기도 가서 무리를 움직여 소동하게 하거늘"(행 17:13)

바울이 데살로니가에서의 핍박을 피해 베뢰아로 왔더니 유대인들이 거기까지 따라와서 훼방을 놓습니다. 데살로니가에서 베뢰아까지가 무려 75km입니다. 차가 있었던 시절도 아니고 75km를 걸어가려면 이틀에서 사흘이 걸립니다. 도대체 그런 열정이 어디서 나온 걸까요? 바로 시기심입니다.

인간이란 복음에 붙들려도 땅끝까지 나아가지만, 시기심에 붙들려도 세상 끝까지 쫓아가는 존재입니다. 사울 왕을 봐도 그렇습니다. 시기심 하나 때문에 다윗을 세상 끝까지 쫓았습니다. 열등감만 있어도 땅끝까지 간다는 것입니다.

시기심의 또 다른 문제는 시기심을 포장하는 좋은 명분을 자가 생산한다는 것입니다. 그래서 시기심을 사명감이나 신앙심으로 착각하게 만듭니다. 유대인들은 자신들이 바울을 시기한 게 아니라 유대 종교의 율법에 충실했을 뿐이라고 생각했을 것입니다. 깡패를 고용한 것이 아니라 바울이라는 이단을 물리치기 위해 기꺼이 물질적으로 헌신했다고 생각하지 않았을까요?

무언가에 열심을 낼 때, 무엇 때문에 내가 이렇게 열심인가? 한 번 체크해 보는 것도 좋겠습니다.

| 질투 2

시기심을 어떻게 다스릴까?

라헬이 자기가 야곱에게서 아들을 낳지 못함을 보고 그의 언니를 시기하여 야곱에게 이르되 내게 자식을 낳게 하라 그렇지 아니하면 내가 죽겠노라
(창 30:1)

라헬은 언니 레아와 함께 야곱의 아내가 되었습니다. 어린 시절에는 한 아버지의 두 딸로 자라며 단순한 경쟁심을 느꼈을 그들이, 성인이 되어서는 한 남편의 두 아내로 살아가게 되었습니다. 언니에 대한 라헬의 경쟁심은 질투와 시기로 발전합니다. 얼마나 질투가 났으면 '죽고 싶다'는 말을 할 정도였을까요?

질투나 시샘은 인간이라면 누구나 가지는 감정입니다. 오이디푸스 콤플렉스나 엘렉트라 콤플렉스처럼, 인간은 부모조차 경쟁 상대로 느끼는 존재입니다. 질투나 시기 자체가 없는 사람은 없을 것입니다. 다만 겉으로 초연한 척하거나 내면을 잘 다독이고 있을 뿐입니다. 간절하게 갈망하지만 내가 가지지 못한 것을 누군가가 가지고 있을 때 느끼는 감정이 질투입니다. 그래서 질투는 나를 들여다볼 수 있는 기회이기도 합니다. 내가 무엇을 가치 있게 여기는 인간인지를 질투가 나에게 구체적으로 가르쳐 줍니다. 문제는 질투나 시기, 분노를 통한 자기의 정당화입니다.

라헬은 질투를 적극적으로 발전시킵니다. 모든 문제의 원인을 남편의 잘못으로 돌려버립니다. 아들을 낳게 해주지 않으면 죽어버리겠다는 협박을 서슴지 않습니다. 결국 그녀는 언니를 이기기 위해 남편에게 첩을 주어 아들을 낳게 했습니다. 그렇게 아들을 얻은 라헬은 과연 행복했을까요?

성경에는 라헬과 비슷한 상황에 놓였던 또 다른 여인의 이야기가 나옵니다. 엘가나의 아내, 한나입니다. 그녀도 남편이 가장 사랑하는 아내였지만 아이가 없었습니다. 그녀를 격분시키는 또 다른 부인이 있었다는 것도 라헬과 같습니다. 한나라고 왜 질투가 없었겠습니까? 그녀는 브닌나 때문에 마음이 상해서 밥도 안 먹었습니다. 그런데 두 사람에게는 다른 점이 있었습니다. 라헬은 본인의 질투를 사람에게 쏟아놓기 바빴지만, 한나는 자신의 설움을 하나님께만 고스란히 쏟아놓았다는 것입니다.

나의 질투와 시기는 하나님이 다루셔야 합니다. 내가 다스리려다 보면 결국 질투가 나를 다스리고 맙니다. 열등감과 우월감은 질투가 나를 통제할 때 사용하는 채찍과 당근입니다. 기도와 말씀은 하나님이 나를 다스리시도록 내어드리는 시간입니다. 하나님은 나를 '죄인'이라는 출발선 상에 세우실 것입니다. 그리고 십자가 앞으로 안내하시고는 나의 모든 결핍을 끝없는 사랑으로 다스리실 것입니다.

| 질투 3

질투, 자가면역질환

모세가 구스 여자를 취하였더니 그 구스 여자를 취하였으므로 미리암과 아론이 모세를 비방하니라
(민 12:1)

모세가 구스 여자를 취한 일이 왜 문제였는지 성경은 설명하지 않습니다. 다만 모세의 누이 미리암과 형 아론이 이를 비난했습니다. 그들의 비난이 단순히 모세의 결혼을 두고 한 이야기였을까요?

"그들이 이르되 여호와께서 모세와만 말씀하셨느냐 우리와도 말씀하지 아니하셨느냐 하매 여호와께서 이 말을 들으셨더라"(민 12:2) 그들은 모세를 질투하고 있었습니다. 구스 여인 얘기는 핑계일 뿐이었습니다. 미리암과 아론은 동생이 리더로 세워지는 모양새가 질투가 났던 것입니다. 하나님이 자신들과도 말씀하시는데, 왜 모세는 되고 자신들은 안 되냐는 것 아니겠습니까?

이것은 병입니다. 질투는 영혼이 앓고 있는 자가면역질환이라고 할 수 있습니다. 자기 방어 체계가 도리어 자신을 공격하는 증상이 질투라는 것입니다. 모종의 결핍과 열등감이 스스로를 갉아먹습니다. 마치 류머티즘처럼 말입니다. "평온한 마음은 육신의 생명이나 시기는 뼈를 썩게 하느니라"(잠 14:30)

성경에는 이 질환을 앓는 환자 이야기가 많이 등장합니다. 가인은 질투 때문에 아벨을 돌로 쳐 죽였습니다. 하갈이 임신하자, 사라는 하갈을 학대합니다. 레아와 라헬은 어떻습니까? 언니는 사랑받지 못해 동생을 질투했고, 동생은 자녀를 낳지 못해 언니를 질투했습니다. 이 질투의 자궁에서 태어난 10명의 형제들은 요셉을 질투하다가 그를 노예로 팔아버립니다. 사울 왕은 다윗에 대한 시기심으로 자기 인생을 새까맣게 태워버리고 말았습니다.

이 시대는 이 질환을 더욱 심각하게 앓고 있습니다. 과거에는 기껏해야 가까운 사람들을 질투했습니다. 그러나 이제는 전 세계 모든 사람과 나를 비교할 수 있게 되었습니다. 나와 전혀 관계없는 사람들의 삶을 실시간으로 엿보며 질투하고 시기할 수 있는 길이 모두에게 활짝 열려 있습니다. 그래서 다들 그렇게 아픈가 봅니다. 비교에서 비롯된 합병증을 영혼에 주렁주렁 달고 삽니다. 금융 치료가 불가능한 영역입니다. 욕망은 무한한데 자본은 유한하기 때문입니다.

"여호와는 나의 목자시니 내게 부족함이 없으리로다"(시 23:1)
이것이 유일한 치료제입니다. 욕망으로 인해 생긴 무한한 결핍은 무한한 하나님만으로 채워질 수 있습니다.

끝이 없는 비교를 멈추게 하는 건,
끝없는 사랑입니다.

| 분노 1

다윗 안에 사울 있다

다윗이 자기 사람들에게 이르되 너희는 각기 칼을 차라 하니 각기 칼을 차매 다윗도 자기 칼을 차고 사백 명 가량은 데리고 올라가고 이백 명은 소유물 곁에 있게 하니라
(삼상 25:13)

다윗은 화가 머리끝까지 치밀어 올랐습니다. 자신이 나발에게 베푼 호의가 무시당하는 순간, 결국 분노가 임계점을 넘어버렸습니다. 부하 400명에게 칼을 차라고 명령한 것을 보면, 그저 혼 좀 내주고 일을 마무리할 생각은 아니었던 것이 분명합니다. 누구라도 자신을 가로막는다면 죽이겠다는 비장한 각오를 한 것입니다. 칼을 차고 길을 나서는 다윗의 눈빛은 어땠을까요? 허리춤에 찬 칼날이 무색할 정도로 그의 눈에는 서슬이 시퍼런 살기와 분노가 이글거렸을 것입니다.

이 다윗이 수금을 아름답게 연주하던 다윗과 동일한 다윗 맞습니까? 요나단과 부둥켜 안고 눈물을 흘리던 다윗은 어디 갔을까요? 사울을 살려준 것이 불과 얼마 전이었습니다. 사울을 죽이는 것을 두려워했습니다. 심지어 사울의 옷자락을 가만히 벤 것 가지고도 마음이 찔렸던 다윗이었습니다.

이 다윗이 그 다윗 맞습니까? 다윗이 아니라 사울이라고 해도 무

리가 없어 보입니다. 놉 땅의 제사장들을 진멸하라고 명령했던 사울이나 나발을 죽이겠다고 나선 다윗이나 별반 다를 게 없습니다.

다윗 안에도 사울이 있었습니다. 다윗도 몰랐을 것입니다. 나발의 무시와 조롱을 당해 보기 전까지는 말입니다. 자신이 가장 싫어하는 사람의 모습이 자기 안에도 있었던 것입니다. 자신을 추격하는 사울에게서는 멀리 도망이라도 갈 수 있었습니다. 그러나 자기 내면의 사울에게서는 멀리 도망갈 수 없습니다.

아마 다윗에게 광야의 시간이 주어지지 않았다면, 자신도 모르는 사이에 사울처럼 변질되었을지도 모르겠습니다. 하나님은 중심을 보신다고 하셨는데, 다윗의 순수한 열정과 뒤섞인 사울적 면모까지도 알고 계시지 않았을까요? 다윗의 내면에 도사리고 있는 사울이라는 가능성 말입니다.

광야는 하나님의 수술대였습니다. 사울 적출 수술이 광야에서 진행되었습니다. 하나님은 사울이라는 칼을 사용하셔서 다윗의 내면으로부터 사울을 꺼내고 계신 것입니다.

내 안에 사울 같은 존재가 있으니까 내 밖의 사울이 눈에 거슬리는 것입니다. 그가 내리꽂는 비수는 내 안의 사울을 죽이는 칼일 수 있습니다. 그 칼을 얼마나 맞으면 내 안의 사울이 죽을까요?

> "먼저 네 눈 속에서 들보를 빼라"
> (눅 6:42)

| 분노 2

분노 마려운 세상

비방이 나의 마음을 상하게 하여 근심이 충만하니 불쌍히 여길 자를 바라나 없고 긍휼히 여길 자를 바라나 찾지 못하였나이다
(시 69:20)

　살아 있다는 것은 곧 배설한다는 것입니다. 배설은 아주 중요한 생명 현상입니다. 살아 있는 모든 것은 영양분을 섭취하고 남은 노폐물을 몸 밖으로 내보내는 행위를 합니다. 더러워 보이지만, 생명체라면 지극히 자연스럽고 당연한 활동입니다.

　인간의 3대 기본 욕구를 식욕, 수면욕, 성욕이라고 하는데, 이 3대 욕구만큼이나 강한 것이 배설욕입니다. 음식을 섭취하지 않거나 잠을 자지 않아도 생명에 지장이 생기지만, 배설하지 않아도 목숨이 위태로울 수 있습니다. 배고픔을 참는 게 쉬울까요? 대변을 참는 게 쉬울까요?

　배설물이나 노폐물은 신체만이 만들어 내는 것은 아닙니다. 영혼이나 마음의 배설물도 있습니다. 우리가 살아 있기 때문입니다. 땀, 대변, 소변과 같은 것들은 신체적 배설물이지만, 분노와 짜증, 스트레스는 마음의 배설물입니다.

일반적으로 만 3~4세가 되면 자신의 대소변은 잘 가릴 줄 알게 됩니다. 그런데 마음에서 비롯되는 배설물은 어떻게 가려야 하는지 마흔이 되어도 모르는 경우가 많습니다. 분뇨는 잘 가리면서 분노는 못 가리는 것입니다.

해결되지 않은 분노가 쌓여 하루 종일 분노가 마려운 상태로 생활합니다. 인내심이 한계에 다다랐을 때, 분노를 어떻게 처리해야 할 줄 몰라서 옆 사람에게 쏟아내는 모습, 그것이 오늘날 세상의 민낯이 아닐까요? 서로의 감정 쓰레기통으로 살아가는 인생들이 적지 않습니다.

신앙을 가진다는 것은 어디에다, 누구에게 나의 상한 마음을 쏟아 놓아야 하는지 알게 되는 것입니다. 다윗은 마음이 상할 때마다 하나님께 쏟아냈습니다. 심지어 하나님을 화를 내며 따지듯 기도할 때도 있었습니다.

"여호와는 마음이 상한 자를 가까이 하시고 충심으로 통회하는 자를 구원하시는도다"(시 34:18)

마음이 상한 자를 가까이하기가 부담스러워하는 것이 사람의 마음입니다. 자기 마음이 상하기 때문입니다. 오직 하나님만이 마음이 상한 자를 가까이하십니다.

마음 상하지 않고 살 수 없습니다. 마음이 상하는 것도 생명 현상입니다. 내가 타인과, 세상과 상호작용하고 있다는 증거입니다. 중요한 것은 나의 상한 마음을 어디에, 누구에게 쏟아 놓느냐는 것입니다. 사람에게 쏟아 놓으면 싸움이 되지만, 하나님께 쏟아 놓으면 기도가 됩니다.

기도는 가장 청결하고 현명하게
분노를 처리하는 방식입니다.

| 탐욕 1

탐심이 트렌드

네 이웃의 아내를 탐내지 말지니라 네 이웃의 집이나 그의 밭이나 그의 남종이나 그의
여종이나 그의 소나 그의 나귀나 네 이웃의 모든 소유를 탐내지 말지니라
(신 5:21)

남의 것을 탐내기에 이보다 더 좋은 세상이 있을까요? 예전에는 탐낼 수 있는 이웃이라고 해 봐야 같은 마을에 사는 사람이 전부였습니다. 비슷비슷한 형편의 사람끼리 도토리 키 재기 하는 정도였습니다. 그러나 오늘날은 상황이 다릅니다. 바다 건너 사는 부자의 연봉이 얼마며, 어떤 집에 살고, 무슨 차를 타고, 어떤 옷을 입는지 속속들이 알 수 있습니다.

타인의 삶에 관심을 가질 수는 있습니다. 궁금하고 호기심이 생기는 것은 자연스러운 일입니다. 그러나 관심이 과열되면 탐심으로 변질됩니다. 오늘날 우리는 지나친 관심의 시대를 삽니다. 이웃의 집이나 밭이나 그의 남종이나 그의 여종이나 그의 소나 그의 나귀나, 이웃의 모든 소유가 관심을 넘어 탐심의 대상이 되어 가는 세상입니다.

여행은 어디로 다녀왔는지, 어제 저녁 식사 메뉴는 무엇이었는지, 어떤 여자와 사는지, 저 둘의 연애는 어떻고 결혼 생활은 어떤지 등

의 이야기를 가지고 상품을 만들어 돈을 버는 산업도 눈부시게 발전하고 있습니다. 덕분에 욕심과 탐심에도 트렌드와 디테일이 생겼습니다.

우리의 평범한 일상이 점점 과시와 비교의 대상으로 전락하고 있습니다. 행복의 모습이 획일화되어 가고 있습니다. 타인의 인생에 기웃거리며 시간을 죽이는 사람들이 얼마나 많습니까? 미디어에 전시된 타인의 인생을 관람하는 데 사람들은 상당한 비용을 지불합니다.

남들에게 보여 주고 싶지 않은 내 속의 그림자와, 누군가가 남들에게 보여 주고 싶어서 누군가가 SNS에 올린 찰나의 순간 몇 컷을 비교합니다. 세상 힙한 모습이 담긴 1분짜리 영상과 내가 지나고 있는 긴 터널의 시간을 비교합니다. 인생이 우울할 수밖에 없습니다.

십계명이 탐심에 대한 경고로 끝을 맺고 있다는 점을 기억해야 합니다. 사도 바울은 "탐심은 곧 우상 숭배"라고 했습니다(골 3:5). 즉, 십계명은 우상 숭배하지 말라는 이야기로 시작해서 우상 숭배하지 말라는 이야기로 끝을 맺습니다. 인간이 하나님을 주인으로 섬기지 않으면 탐욕이 인간의 주인 노릇한다는 의미입니다. 내가 하나님의 소유라는 것을 인식하지 못하면 모든 것을 내 소유로 삼아도 만족을 모릅니다.

예수님은 십계명을 하나님 사랑과 이웃 사랑, 즉 '사랑'이라는 한 단어로 요약하셨습니다. 우리를 탐욕으로부터 구원하는 것은 사랑입니다. 인간은 사랑받지 못해서 점점 탐욕스러워지는 것입니다. 예수님이 십자가를 지면서까지 확증하고 싶었던 것은 하나님의 사랑이었습니다. 그 사랑이 우리를 비교와 평가, 타인의 시선으로부터 자유롭게 합니다.

천국이 내 것인데,
세상이 부러울까요?

| 탐욕 2

지혜가 무용지물이 되다

솔로몬 왕이 바로의 딸 외에 이방의 많은 여인을 사랑하였으니 곧 모압과 암몬과 에돔과 시돈과 헷 여인이라
(왕상 11:1)

솔로몬은 지혜의 대명사인 동시에 여인을 많이 거느린 것으로도 유명한 왕입니다. 그는 3,000가지 잠언을 말하기도 했지만, 후궁과 첩이 1,000명이기도 했습니다.

과거 왕들에게는 외교적 목적의 정략결혼이 관례였다는 것을 감안하더라도, 후궁 700명과 첩 300명은 지나쳤다고 볼 수 있습니다. 솔로몬이 이미 선을 넘었다는 것을 보여주는 숫자입니다. 국가의 외교적 목적으로 정략결혼을 한 것이라기보다, 자신의 정욕을 채우기 위해 외교 활동에 열을 올린 것이 아닌가 하는 의구심이 들 정도입니다.

이방 여인들과의 무분별한 정략결혼이 결국 신앙의 훼손과 하나님의 백성으로서의 정체성 변질을 야기할 수 있다는 것, 그는 몰랐을까요? 하나님이 경고하신 내용을 그가 모르고 있었을까요? 지혜에 있어서는 독보적 탁월함의 소유자가 그것을 몰랐을 리 없습니다. 알았지만 멈출 수 없었을 것입니다. 욕망이라는 전차에 추진력

이 붙기 시작하자, 3,000가지의 잠언도 그 전차를 멈춰 세우지 못했습니다.

욕망이란 지혜를 마비시키는 독입니다. 소량의 독이 몸에 퍼지기 시작하면 근육이 서서히 마비되는 것처럼, 욕망이 영혼에 퍼지기 시작하면 아무리 탁월한 지혜라도 더 이상 작동하지 않는 것입니다. 아마도 솔로몬이면 그 정도 욕심쯤은 노련하게 다스릴 수 있을 것이라고 주변 사람들도, 자기 자신도 생각했을지 모릅니다.

그러나 탐욕과 정욕은 지혜롭게 통제할 수 있는 것이 아닙니다. 강력한 지혜도 욕심에는 상대가 안 됩니다. 성경은 선한 데는 지혜롭고 악한 데는 미련하라고 말씀합니다(롬 16:19). 탐욕과 정욕을 상대하는 기술은 지혜가 아니라 미련함이어야 합니다. 노련하게 상대할 생각을 말고, 무식하게 대해야 합니다. **"만일 네 오른손이 너로 실족하게 하거든 찍어 내버리라"**(마 5:30) 예수님의 말씀입니다. 욕심과 유혹에 관해서만큼은 과잉 진압이 필요하다는 것입니다.

빈대를 잡으려다 초가삼간을 태워서는 안 되겠지만, 빈대가 아니라 치명적인 바이러스라면 얘기는 달라집니다. 탐욕과 욕망은 삶 전체를 망가지게 하는 치명성을 지니고 있습니다. 초가삼간을 태워서라도 막아야 하는 것입니다.

정욕을 내가 정교하게 조절할 수 있다고 생각하는 순간, 이미 판단 감각이 마비된 것입니다. 때로는 미련한 선택이 생명을 지키는 길이 될 수 있습니다.

| 탐욕 3

천국이 아니면 채울 수 없는 크기

거머리에게는 두 딸이 있어 다오 다오 하느니라 족한 줄을 알지 못하여 족다 하지 아니하는 것 서넛이 있나니
(잠 30:15)

　이 세상에서 하나님 다음으로 큰 것은 사람의 욕심이 아닐까요? 욕심이라고 이름 붙여진 인간 내면 세계의 크기는 물리적 우주와 견줄 수 없을 만큼 크다고 할 수 있습니다. 마치 팽창하고 있는 우주처럼 끊임없이 멈출 줄 모르고 팽창하는 것이 인간의 욕심이라는 것입니다. 욕심의 인플레이션은 언제나 자이언트 스텝입니다.

　세계 정상급 부자라고 불리는 사람에게 어느 기자가 "돈이 얼마나 더 있으면 만족하시겠습니까?"라고 질문하자 그가 이렇게 대답했다고 합니다. "조금만 더 있었으면 좋겠습니다." 지구상에서 자신보다 재산이 적은 사람이 80억 명이 넘어도 만족할 줄 모르는 게 인간입니다. 우주를 통째로 갈아 넣은들 과연 인간의 욕심을 만족시킬 수 있을까 모르겠습니다.

　"거머리에게는 두 딸이 있어 다오 다오 하느니라 족한 줄을 알지 못하여 족다 하지 아니하는 것 서넛이 있나니"(잠 30:15)

살에서 떨어질 줄 모르고 피를 빨아 먹는 거머리를 보고 솔로몬이 지은 잠언입니다. 그런데 사실 거머리는 피를 먹을 만큼 먹으면 피부에서 떨어져 나갑니다. 만족할 줄 모르는 인간이 거머리보다 더 한 존재라는 것입니다.

오늘날 인간이 살아가는 방식을 보면 생태계에 거머리처럼 착 달라붙어서 더 이상 먹을 게 없을 때까지 피를 빠는 것 같습니다. 먹을 것이 얼마 남지 않았다는 것을 깨달은 일부 사람들은 화성 이주도 고려 중입니다. 그게 실제로 가능하다 한들 옮겨 간 행성 하나 거덜내는 것은 인간에게 시간문제일 뿐입니다.

하나님은 인간의 마음을 독특하게 설계하셨습니다. *"흩어 구제하여도 더욱 부하게 되는 일이 있나니 과도히 아껴도 가난하게 될 뿐이니라 구제를 좋아하는 자는 풍족하여질 것이요 남을 윤택하게 하는 자는 자기도 윤택하여지리라"*(잠 11:24-25)

하나님은 인간의 마음을 채우고 채워야 만족하는 것이 아니라 주고 퍼주어야 만족하도록 만들어 두셨습니다. 그래서 천국은 언제나 마음이 가난한 자의 것입니다.

> *"심령이 가난한 자는 복이 있나니*
> *천국이 그들의 것임이요"*
> (마 5:3)

| 탐욕 4

돈 만진 손 씻기

돈을 사랑함이 일만 악의 뿌리가 되나니 이것을 탐내는 자들은 미혹을 받아 믿음에서 떠나 많은 근심으로써 자기를 찔렀도다
(딤전 6:10)

어릴 적에 아버지가 종종 그러셨습니다. "돈을 만지고는 꼭 손을 씻어라." 여러 사람의 손을 탄 돈에 세균이 득실거린다는 것입니다. 그래서 돈 만진 손으로 눈을 비비거나 밥을 먹는 것은 비위생적이라는 얘기를 하곤 하셨습니다.

돈에 세균만 묻어 있을까요? 사람의 탐욕이 가장 많이 묻은 것이 돈입니다. 그래서 돈을 만지면 자기도 모르게 탐욕이 손에 묻습니다. 손에 묻은 탐욕은 보이지 않게 증식하고 또 어디론가 옮습니다. 깨끗한 돈은 없습니다. 탐욕이 묻지 않은 돈이 어디 있을까요? 세탁하면 더 더러워지는 게 돈입니다.

우리는 그 돈을 매일 만지며 삽니다. 자본주의 사회에서 경제 활동을 한다는 건 돈을 만진다는 것입니다. 이름 모를 타인의 탐욕이 잔뜩 묻은 돈에 우리의 탐욕을 더해 가며 그렇게 우리는 매일 돈을 만지며 삽니다. 탐욕이 묻었다 해서 돈을 만지지 않을 수가 없는 세상입니다. 돈과 상관없이 살 수 없다는 것입니다.

따라서 돈을 만지며 사는 것 자체를 놓고 문제를 삼거나 고민하는 것은 무의미해 보입니다. 하지만 탐욕이 묻은 손으로 무엇을 만지고 누구를 만지는지는 생각해 볼 문제입니다.

돈을 안 만질 수는 없습니다. 그러나 손을 씻을 수는 있습니다. 돈 만진 손, 나는 어떻게 관리하고 있는지 생각해 봅니다. 씻지 않은 손을 이웃에게 내밀고 있을 수 있습니다. 돈 냄새 나는 손으로 하나님 일을 한다며 열심을 낼 수도 있습니다. 탐욕의 균이 득실대는 상태로 가족을 안아 주고 아이들의 머리를 쓰다듬고 있는지도 모릅니다.

섬기는 손길에, 베푸는 손길에, 도움의 손길에 탐욕이 묻어 있다면 손이 닿는 곳마다 감염될 것입니다. 도왔는데 상처받고, 베풀었는데 섭섭하고, 섬겼는데 서운하고, 채웠는데 더 굶주릴 것입니다.

더러운 손으로 교회에 와서 다른 사람에게 손 내밀지 말아야 합니다. 혹시 돈 냄새가 나면 도움의 손길이라도 그런 손은 잡지 않는 것이 좋습니다. 금융 치료 잘못 받았다가 탐욕에 감염되고 맙니다. 그러나 안타깝게도 돈 냄새가 조금이라도 나면 그 손 한번 잡아보려고 줄을 서는 것이 현실입니다.

집에 들어가기 전, 형제자매의 손을 잡기 전 손 씻는 시간이 필요합니다. 십자가 앞에 무릎을 꿇고 예수님의 손의 못자국을 만지는 시간 말입니다. 그 손의 못자국을 만지는 동안 짙은 사랑의 향기가 내 손에 묻을 것입니다. 깨끗한 손을 달라고 기도하면 나의 손에 주님의 손을 포개어 주실 것입니다.

| 언어 1

진리로부터 우러나오는 맑은 말

마치 호기심 많은 사람들이 무슨 구경거리를 보러 오듯이 너에게 올 것이다. 그러나 그들은, 네가 하는 말을 듣기만 할 뿐, 그 말에 복종하지는 않을 것이다. 그들이 입으로는 달갑게 여기면서도, 마음으로는 자기들의 욕심을 따르기 때문이다.
(겔 33:31, 새번역 성경)

말에는 말하는 사람의 마음이 묻어나오기 마련입니다. 말을 잘 들어보면 마음을 읽을 수 있습니다. 그런데 본심을 가리기 위해 하는 말도 있습니다. 사람마다 차이가 있겠지만, 마음에도 없는 말을 진심인 것처럼 할 줄 아는 능력은 누구에게나 있습니다. 사랑이 없는 마음을 감추기 위해서 오히려 더 자주 사랑한다 말하기도 하고, 기도하지 않는 것을 들키지 않기 위해서 기도하겠다는 말을 강조하기도 합니다.

무엇이 본심이 묻어 있는 말인지, 무엇이 본심을 가리는 말인지 분별하기가 쉽지 않다는 게 문제입니다. 동양의 한 현인은 언어와 진정성의 관계에 대하여 '신언불미 미언불신'(信言不美 美言不信)이라고 했습니다. 진실한 말은 꾸밈이 없고, 꾸미는 말은 진심이 없다는 뜻입니다. 날카로운 지적입니다.

예수님께서는 십자가를 지는 과정에서 '이게 다 너희를 위한 것'이라며 말로 떠들지 않으셨습니다. 아무 말씀 없이 십자가를 지셨을 뿐입니다.

에스겔 당시에 에스겔의 메시지에 대해 상당히 많은 사람들이 관심을 보였던 것 같습니다. 요즘으로 치면 설교에 은혜받았다고 말하는 사람들이 꽤나 많았던 것입니다. 하나님께서는 그 사람들의 말 속에 감추어진 저의에 관하여 정확하게 말씀하십니다. "그 입으로는 사랑을 나타내어도 마음으로는 이익을 따름이라." 말과 본심이 달랐다는 것입니다. 그들의 말은 진심이 아니었습니다.

오늘날 끝이 없는 말들 속에서 우리가 지쳐 가는 이유이기도 합니다. 본심이 아닌 말을 하는 것과 본심이 아닌 말을 듣는 것은, 하는 사람에게도 듣는 사람에게도 독입니다. 말을 듣는 것은 물을 마시는 것과 비슷합니다. 맑은 말이 아니면 탈이 납니다. 이 시대에 어디 가면 맑은 말을 구할 수 있을까요?

"주님의 교훈은 정직하여서 마음에 기쁨을 안겨 주고, 주님의 계명은 순수하여서 사람의 눈을 밝혀준다. 주님의 말씀은 티 없이 맑아서 영원토록 견고히 서 있으며, 주님의 법규는 참되어서 한결같이 바르다."(시 19:8-9, 새번역)

| 언어 2

대답할 가치가 없는 말

이 열방의 신들 중에 어떤 신이 자기의 나라를 내 손에서 건져냈기에 여호와가 능히 예루살렘을 내 손에서 건지겠느냐
(사 36:20)

　귀담아 들을 말이 있고 흘려들어도 되는 말이 있습니다. 아니, 반드시 흘려들어야만 하는 말이 있습니다. 문제는 이 두 가지를 거꾸로 할 때 발생합니다. 흘려들어야 할 말을 귀에 담고 마음에 담으면 그 말이 내 안에 고여 나를 상하게 합니다.

　하지만 흘려보내고 싶은데 비수처럼 마음에 꽂혀버리는 것이 문제입니다. 말이 귀에 들릴 때, 고막만 반응하지 않는다는 것이 문제입니다. 마음도 함께 반응합니다. 고막의 진동은 미미할지 모르지만 마음에는 지진이 일어납니다.

　그때는 어떻게 해야 할까요? 한쪽 귀로 이미 들어온 말을 어떻게 마음속에 머무르게 하지 않고 다른 귀로 흘려보내느냐 하는 것입니다. 흘려듣고 싶어도 비수처럼 마음에 꽂혀버릴 때는 어떻게 해야 할까요?

　"그들이 잠잠하여 한 말도 대답하지 아니하였으니 이는 왕이 그들에게 명령하여 대답하지 말라 하였음이었더라"(사 36:21)

히스기야는 입을 닫았습니다. 대답하고 싶고 반박하고 싶고 변명하고 싶었겠지만 입을 굳게 다물고 잠잠합니다. 우리의 두 귀는 항상 열려 있어서 말을 골라 듣기가 참 어렵습니다. 소리가 나면 어쩔 수 없이 반응하는 것이 귀입니다.

그러나 입은 열었다가 닫았다가 할 수 있습니다. 반응하지 않을 수 있습니다. 랍사게의 말에 또 다른 말로 대응하거나 반응하지 않음으로 히스기야는 마음을 지켰습니다.

그리고 그는 꼭 들어야 할 말에 귀를 기울입니다. 선지자 이사야가 전하는 하나님의 말씀을 귀에 담고 마음에 담습니다.

말씀이 마음에 담기면 믿음이 생깁니다. 믿음이란 말씀이 우리의 마음에 담겨 우리의 마음이 지켜지고 있다는 증거입니다.

"그러므로 믿음은 들음에서 나며 들음은 그리스도의 말씀으로 말미암았느니라"(롬 10:17)

입술이 귀를 지키고,
말씀이 마음을 지킵니다.

내 마음의 생김새를 마주하다

| 언어 3

침묵으로 헤아린 섭리

여호수아가 백성에게 명령하여 이르되 너희는 외치지 말며 너희 음성을 들리게 하지 말며 너희 입에서 아무 말도 내지 말라 그리하다가 내가 너희에게 명령하여 외치라 하는 날에 외칠지니라 하고
(수 6:10)

여호수아는 여리고 성을 도는 동안 이스라엘 백성에게 특단의 조치를 내립니다. 침묵 명령입니다. 아무 말도 하지 말라는 것입니다. 만약 그들이 말을 할 수 있었다면, 어떤 일이 발생했을까요? 열띤 논쟁이 벌어졌을 것입니다. 여리고 성 정복 방식에 대한 온갖 의견이 쏟아져 나오고, 결국에는 설득력을 지닌 몇 가지 주장을 중심으로 사람들이 뭉치기 시작했을 것입니다.

그리고 각 진영은 나름의 근거와 논리로 자신들의 주장을 강화하지 않았을까요? 설득당한 사람들, 반박하는 사람들, 비난하는 사람들, 무시하는 사람들, 밀어붙이는 사람들, 감정이 상한 사람들, 3일 정복론자들, 6일 정복론자들, 정복 무용론자들 등이 쏟아내는 말들로 인해 이스라엘은 답이 없는 상황에 봉착했을지도 모릅니다.

여호수아는 과거에 비슷한 경험을 했습니다. 동료 정탐꾼 10명의 말 몇 마디에 백성 전체가 어떻게 휘둘렸는지를 여호수아는 두 눈

으로 똑똑히 봤습니다. 10명의 정탐꾼의 말은 모두 사실이었습니다. 틀린 말이 없었습니다. 모두 사실에 근거한 논리적 주장이었습니다. 하지만 그 말이 논리적이었다고 해서 '옳은 말'이었던 것은 아닙니다. 논리상 옳았을 뿐이지, 섭리상 옳지는 않았습니다.

말은 한 번 입 밖으로 나오면 통제하기 어렵습니다. 말은 단순히 '의견'으로 끝나지 않습니다. 한 사람이 던진 말 한마디가 공동체를 흔들고, 신뢰를 무너뜨리며, 하나님의 계획을 가로막기도 합니다. 그래서 여호수아는 명령했습니다. 침묵하라고.

오늘날 우리 사회의 특징을 하나 꼽으라면, 말의 과잉이 아닐까요? 1인 미디어 시대가 열렸습니다. 누구나 자기가 하고 싶은 얘기를 아무 데서 아무렇게나 할 수 있는 시대입니다. 각자가 옳다고 여기는 생각을 쏟아놓기 바쁩니다. 말의 과잉이 빚어낸 복잡성을 우리는 체감하며 살아갑니다. 세상이 그렇게 흘러가는 것은 이상한 일이 아닐지 모르겠습니다. 각자가 자기 소견에 옳은 대로 말하는 것이 당연한 곳이기 때문입니다. 그런데 교회마저도 각자 소견에 옳은 말이 난무한다면, 그것을 과연 하나님이 기뻐하실까요?

대부분의 경우에 우리는 자유롭게 말할 수 있어야 합니다. 의견은 충분히 나누어질수록 좋습니다. 그런데 반드시 말을 줄여야 하는 순간이 있습니다. 하고 싶은 말이지만 입 밖으로 내는 것을 인내해야 하는 시간이 있습니다. 말이 논리를 헤아리는 방법이라면, 침묵은 섭리를 헤아리는 방법이기 때문입니다.

| 자유 1

시선으로부터 자유롭다

여호와의 궤가 다윗 성으로 들어올 때에 사울의 딸 미갈이 창으로 내다보다가 다윗 왕이 여호와 앞에서 뛰놀며 춤추는 것을 보고 심중에 그를 업신여기니라
(삼하 6:16)

법궤가 성으로 들어올 때, 다윗은 춤을 추었습니다. 다윗이 추었던 춤은 어떤 춤이었을까요? 다윗이 왕의 품격에 맞는 춤을 추었다면 미갈이 업신여겼을까요? 아마도 춤이라고 하기에는 민망한, 격도 없고 폼도 없는 막춤을 추었을 것입니다. 너무 열심히 추느라 자기 하체가 다 드러나는 것도 몰랐습니다. 다윗은 자신이 왕이라는 사실을 잊어버려야만 출 수 있는 춤을 추었던 것입니다. 그는 하나님 앞에서 자신의 사회적 지위를 잊어버렸습니다.

오늘날 우리는 얼마나 체면을 차리고 따지는지 모릅니다. 사람들은 체면이 구겨지는 것을 힘들어합니다. 세상은 그렇다 치고, 교회는 어떤가요? '어느 교회 다니세요?' 이렇게 물어보면 대답이 대략 두 가지입니다. 자신 있게 교회 이름을 말하는 경우와 '그냥 동네 작은 교회 다녀요'라고 하는 경우입니다.

장로 제도 자체가 없는 교단도 호칭 장로라는 직분을 만들어서 장로라고 부르고 불리길 원합니다. 비슷하게 신앙생활했던 어느 교

회 다니는 내 친구는 장로로 불리는데, 나는 집사로 불리면 면이 서질 않는 것입니다. 그렇게 우리가 면을 세우고 챙기는 동안 어느새 자유를 잃어버리고 있는 것은 아닐까요?

다윗은 하나님의 임재 앞에 서자 자신이 왕이라는 사실이 하나도 중요하지 않았습니다. 직위를 잊고 호칭을 잊었습니다. 그리고는 뛰어놀았습니다.

"주는 영이시니 주의 영이 계신 곳에는 자유가 있느니라"(고후 3:17)

다윗은 누구보다 자유로웠습니다. 사람들의 평가와 시선으로부터 자유로웠습니다.

주 안에 있다는 것, 그리고 주 앞에 있다는 것은 있는 모습 그대로 존재할 수 있는 용기입니다. 호칭과 지위와 체면과 시선으로부터 벗어나 마음껏 춤출 수 있는 자유입니다.

왕이라는 자신의 체면을 끝까지 세워주길 바랐던 사울 왕과, 왕으로서의 체면 따위는 신경 쓰지 않았던 다윗의 가장 큰 차이가 아닐까요? 사울은 자신이 왕이었고, 다윗에게 왕은 하나님밖에 없었습니다.

주 안에 있을 때 진정한 자유를 얻습니다.

| 자유 2

자유로부터 자유롭다

웃시야 왕이 죽는 날까지 나병환자가 되었고 나병환자가 되매 여호와의 전에서 끊어져 별궁에 살았으므로
(대하 26:21)

　스스로 겸손하다고 생각하는 것이 교만의 완성이라고 합니다. 그렇다면 내가 교만한 줄 아는 것이 겸손이라고 할 수 있지 않을까요? 웃시야는 인생 말년에 이마에 한센병이 걸립니다. 그런데 그보다 훨씬 전에 이미 마음에는 교만이라는 병이 도졌습니다. 어쩌면 이마에 생긴 한센병은 마음에 생긴 교만이라는 병을 치료하기 위한 하나님의 처방이었는지도 모르겠습니다. 교만에 고난만큼 좋은 특효약이 있을까요?

　역대하 26장 16절은 웃시야 인생의 변곡점입니다.
　"그가 강성하여지매 그의 마음이 교만하여"

　돈 없고 힘 없고 건강이 나쁠 때 교만하기란 어렵습니다. 그럴 때는 누구나 겸손할 수 있습니다. 문제는 가진 것이 많아졌을 때입니다. 교만해져야겠다고 결심하고 교만해지는 사람이 몇이나 될까요? 자기도 모르게 겸손을 잃어버리는 것입니다. 왕으로서의 책임에 성실하고 하나님 앞에서 신실했던 웃시야는 자신도 모르게 교만

해졌습니다.

사람이 교만해지면 하지 말아야 할 일에 대한 자신감이 생깁니다. 해서는 안 될 일인데 할 수 있다는 생각이 듭니다. 웃시야는 제사장만이 할 수 있는 일을 자신이 해버립니다. 왕이라도 넘어가지 말아야 할 선이라는 것이 있는데 그것을 넘어간 것입니다.

결국 그는 별궁으로 쫓겨나 격리되어 지내다가 생을 마감합니다. **"웃시야 왕이 죽는 날까지 나병환자가 되었고 나병환자가 되매 여호와의 전에서 끊어져 별궁에 살았으므로"**(대하 26:21)

여기서 '별궁'으로 번역된 히브리어는 '베트 하호프쉬우트'인데, 그 뜻이 '자유의 집'입니다. 굉장히 역설적이지 않습니까? 왕이니까 모든 것을 자유롭게 할 수 있다고 여겼던 그 인생의 종착점이 자유라고 불리는 집에 감금당하는 것이었습니다.

모든 것을 내 뜻대로 할 수 있게 되면 우리는 과연 자유로워질까요? 혹시 내 욕심과 욕망의 노예가 되는 것을 자유라고 착각하는 것은 아닐까요? 내가 추구하는 자유가 정말 나를 자유롭게 해줄까? 생각해 봅니다. 웃시야가 인생 말년에 도착한 자유의 집에는 자유가 없었습니다.

"형제들아 너희가 자유를 위하여 부르심을 입었으나 그러나 그 자유로 육체의 기회를 삼지 말고 오직 사랑으로 서로 종 노릇 하라"(갈 5:13)

세상에서 가장 큰 자유는 내게 주어진 자유조차 스스로 제한할 줄 아는 자유입니다. 사람은 사랑으로 종 노릇할 때 무한한 자유를 맛보도록 지음받은 존재입니다.

"자유는 하고 싶은 대로 하는 것이 아니라,
옳은 것을 할 수 있는 능력이다."
- 피터 크리프트 -

| 기쁨 1

바닥에서 캐낸 기쁨

너는 암몬 족속에게 이르기를 너희는 주 여호와의 말씀을 들을지어다 주 여호와께서 이같이 말씀하셨느니라 내 성소가 더럽힘을 받을 때에 네가 그것에 관하여, 이스라엘 땅이 황폐할 때에 네가 그것에 관하여, 유다 족속이 사로잡힐 때에 네가 그들에 대하여 이르기를 아하 좋다 하였도다
(겔 25:3)

세상에는 다양한 종류의 기쁨이 있습니다. 강렬하지만 잠시 후 없어지는 기쁨도 있고, 잔잔한데 오래 가는 기쁨도 있습니다. 나누면 두 배가 되는 기쁨도 있고, 나누었다가 시기심을 불러일으키는 기쁨도 있습니다. 어떤 사람들은 사람과 상황을 통제하는 데서 희열을 느끼는가 하면, 또 어떤 사람들은 고통스러운 통증에서 쾌감을 느끼는 심리를 갖고 있기도 합니다.

인간은 어떤 식으로든 기쁨을 추구하며 삽니다. 무엇에서 기쁨을 느끼는가를 보면 그 사람이 어떤 사람인지를 알 수 있습니다. 기쁨을 느끼는 대상이 내 정체성을 구성하는 중요한 요소라는 것입니다.

암몬 족속에게는 남유다의 몰락이 기쁨이었습니다. 그들은 유다의 패망을 보며 손뼉을 치고 발을 구르며 즐거워했습니다. 남의 불

행을 기뻐하는 것만큼 천박한 기쁨이 있을까요? 세상에서 가장 값싼 기쁨입니다. 그런데 저렴하기 때문에 가장 쉽게 맛볼 수 있는 기쁨이기도 합니다. 가성비가 아주 좋습니다. 그래서 사람들이 많이들 찾습니다. 내 안을 들여다보니 기뻐할 거리는 없고, 대신에 타인의 불행이나 보며 위안을 삼는 것입니다.

남과 비교했을 때 뭐라도 좀 더 나으면 기쁜 것은 사실입니다. 그러나 비교 우위의 기쁨은 이상하게도 기쁠수록 지칩니다. 즐거운데 공허합니다. 기쁨의 역치가 계속 상승하기 때문입니다.

신앙의 여정은 남보다 우위를 점하기 위해 올라가는 길이 아닙니다. 기쁨의 비밀을 캐기 위해 바닥 아래로 내려가는 길입니다. 내 전부를 걸어야 하기에 가성비가 좋지 않습니다. 그러나 기쁠 일이 하나도 없을 것 같은데 신기하게 기쁩니다. 사라지지 않는다는 것을 알기에 심지어 마음 놓고 슬퍼할 수도 있는 기쁨입니다.

바울은 이 기쁨에 관하여 이런 고백을 한 적이 있습니다.

"근심하는 자 같으나 항상 기뻐하고"(고후 6:10)

진짜 기뻐하면 깊어집니다.
높아지지 않습니다.

| 기쁨 2

80억의 찬사보다 더 큰 기쁨

그들의 모든 행위를 사람에게 보이고자 하나니
(마 23:5)

누군가 나의 가치를 알아봐 준다는 것, 내가 들인 노력과 남몰래 흘린 눈물, 고생의 몸부림을 남들이 알아준다는 것은 굉장히 힘이 나는 일입니다. 인정받으면 일할 맛도 나고, 늘 죽을 맛이던 인생이 인정받기 시작하면 살 맛 나는 인생으로 바뀌기도 합니다.

요즘은 타인의 인정이 수량화, 수치화되는 시대입니다. 좋아요, 조회수, 시청률, 팔로워 수, 구독자 수 등과 같은 숫자를 통해 내가 얼마나 타인에게 받아들여지고 있는지를 금방 알 수 있습니다. 우리는 이 수치의 위력이 엄청나다는 것을 실감하며 삽니다. 사람들이 알아주기만 한다면 무엇이든 할 각오가 되어 있는 사람들도 많이 있습니다.

교회는 다를까요? 사람이 알아준다면 희생하는 것도, 손해 보는 것도 즐겁습니다. 나를 알아달라는 교묘하고도 은밀한 아우성으로 교회는 잡음이 늘 끊이지 않는 곳입니다. 자기 헌신을 몰라줘서 섭섭하다는 마음을 달래는 일에 교회가 들이는 에너지가 적지 않습니다. 그래서 주보에 이름도 올려주고, 남들 보는 앞에서 은근히 세

내 마음의 생김새를 마주하다 75

워주기도 합니다.

　교회 생활을 좀 오래 하다 보면 남들의 인정을 이끌어 내는 여러 기술을 터득하기도 합니다. 오른손이 한 일을 왼손이 모르게 하면서, 왼손 빼고는 다 알 수 있게 하는 상급 난이도의 기술을 시전하는 고수들이 있습니다.

　최악의 경우도 있습니다. 자신의 고통스러운 상황을 기도 제목 삼아 타인의 이목과 관심을 나에게 집중시키는 일에 익숙해지는 것입니다. 이런 경우에는 아무리 기도하고 위로해도 소용이 없습니다. 왜냐하면 당사자가 자신의 고통스러운 상황을 남들의 관심을 받는 일의 수단으로 삼고 있기 때문입니다.

　어떤 경우든 사람에게 보여지는 것은 조심해야 할 일입니다. 사람의 인정에는 강한 독성이 포함되어 있기에 중독되기 쉽습니다. 신앙생활은 인정 중독으로부터 풀려나는 길입니다. 아무도 나를 알아주지 않아도 괜찮은 사람이 되는 것입니다.

　예수님이 공생애를 시작하시기 전에 하나님으로부터 딱 한 마디 들으셨습니다. **"이는 내 사랑하는 아들이요 내 기뻐하는 자다"**

　하나님 한 분으로부터 인정받는 기쁨이 80억의 찬사보다 더 크다는 것을 아는 길이 십자가의 길입니다.

| 기쁨 3

기쁨을 선택하는 즐거움

비록 무화과나무가 무성하지 못하며 포도나무에 열매가 없으며 감람나무에 소출이 없으며 밭에 먹을 것이 없으며 우리에 양이 없으며 외양간에 소가 없을지라도 나는 여호와로 말미암아 즐거워하며 나의 구원의 하나님으로 말미암아 기뻐하리로다
(합 3:17-18)

모든 것을 잃어버리고 빼앗기고 나면 마지막으로 남아 있는 것은 무엇일까요? 자유입니다. 인간에게 마지막 남은 자유를 발견하게 됩니다. 내 앞의 현실에 대해 어떤 태도를 취할 것인지 선택할 수 있는 마지막 자유 말입니다.

신앙이란 상황과 환경에 함몰되어 있는 이 자유를 발견하는 힘입니다. 많은 신앙의 선배들이 극단적인 순간에도 자유로웠습니다.

"욥이 재 가운데 앉아서 질그릇 조각을 가져다가 몸을 긁고 있더니 그의 아내가 그에게 이르되 당신이 그래도 자기의 온전함을 굳게 지키느냐 하나님을 욕하고 죽으라 그가 이르되 그대의 말이 한 어리석은 여자의 말 같도다 우리가 하나님께 복을 받았은즉 화도 받지 아니하겠느냐 하고 이 모든 일에 욥이 입술로 범죄하지 아니하니라"(욥 2:8-10)

욥은 어쩔 수 없었다고 말하지 않습니다. 그는 하나님을 원망하지 않기로 선택합니다.

"그들이 돌로 스데반을 치니 스데반이 부르짖어 이르되 주 예수여 내 영혼을 받으시옵소서 하고 무릎을 꿇고 크게 불러 이르되 주여 이 죄를 그들에게 돌리지 마옵소서 이 말을 하고 자니라"(행 7:59-60)

돌을 던지는 자들이 자기의 죄값을 치르게 해달라고 기도할 수 있었을 텐데, 스데반은 마지막 선택은 이 죄값이 그들에게 돌아가지 않기를 기도하는 것이었습니다.

상황과 환경은 나의 선택권을 현실에 떠넘기기를 강요합니다. 그러나 절망하는 것밖에는 아무런 선택지가 없을 것 같을 때, 하나님은 생각지도 못했던 선택지를 보여주시고는 그 선택의 근거가 되어주십니다.

"무화과나무에 과일이 없고 포도나무에 열매가 없을지라도, 올리브나무에서 딸 것이 없고 밭에서 거두어들일 것이 없을지라도, 우리에 양이 없고 외양간에 소가 없을지라도, 나는 주님 안에서 즐거워하련다. 나를 구원하신 하나님 안에서 기뻐하련다."(합 3:17-18, 새번역 성경)

| 기쁨 4

울어도 괜찮은 기쁨

예레미야가 아직 시위대 뜰에 갇혀 있을 때에 여호와의 말씀이 그에게 두 번째로 임하니라
(렘 33:1)

　예레미야를 향한 하나님의 뜻은 '항상 슬퍼하라'였다고 해도 과언이 아닌 삶을 그는 살았습니다.

　일생의 대부분을 한탄과 눈물 속에서 보냈습니다. 오해와 무시는 기본이고, 감금과 폭행, 살해 위협 속에서 살았습니다. 이것이 당시 하나님 앞에서 가장 신실했던 한 사람의 인생이었습니다. 인생 역전이라는 것도 없이 그는 평생을 근심하며 눈물 흘리며 지냈습니다.

"여호와의 말씀이니라 너희를 향한 나의 생각을 내가 아나니 평안이요 재앙이 아니니라 너희에게 미래와 희망을 주는 것이니라"(렘 29:11) 많이들 좋아하는 예레미야의 구절입니다. "그 심령은 물 댄 동산 같겠고 다시는 근심이 없으리로다"(렘 31:12) "너의 장래에 소망이 있을 것이라"(렘 31:17) 예레미야가 선포한 희망적인 메시지입니다.

　그런데 정작 그 말씀을 전하는 예레미야의 삶의 모습은 어떻습니까? 어쩌면 그 당시에 많은 이들이 예레미야를 비웃었는지도 모르

겠습니다. "평안과 소망이 필요한 사람은 우리가 아니라 예레미야, 바로 당신 아니냐"며 반문하지 않았을까요? 그는 당시의 거짓 선지자들이 그랬던 것처럼 자신이 전혀 알지도 못하는 평안과 소망을 그저 앵무새와 같이 말하고 다녔던 것일까요?

하나님께서 평안과 소망이 무엇인지도 모르는 사람을 통해 평안과 소망을 전하지는 않으셨을 것입니다. 예레미야를 통해 평안과 소망의 정의와 기준을 다시 생각해 보게 됩니다. 내가 바라는 평안은 무엇이고, 하나님이 주시겠다는 평안은 무엇일까 질문해 봅니다.

그가 평생을 근심하며 살 수 있었던 이유는 무엇이었을까요? 그의 삶의 표면은 눈물자국 투성이였지만, 그의 무게 중심에는 진정한 평안과 빼앗기지 않는 기쁨이 있었다고 믿습니다. 그래서 그는 마음껏 슬퍼하고 근심할 수 있는 인생을 살 수 있었던 것입니다. 하나님이 주신 소명에 대한 꺼지지 않는 열정이 마치 안전장치처럼 그를 붙들었기에 그는 타인의 고통과 세상의 신음에 안심하고 뛰어들 수 있었던 것입니다.

요즘, 웃고 있지만 속은 울고 있는 사람들이 많습니다. 기뻐서 웃는 것이 아니라 우울해서 웃습니다. 슬픔을 감추려 웃고, 걱정을 잊으려 웃습니다. 예수님을 믿는다는 것은 슬픔과 우울이 빼앗아 갈 수 없는 기쁨을 소유하는 것입니다. 그래서 마음껏 울 수 있고, 마음껏 슬퍼하며, 타인의 슬픔에도 참여할 수 있게 되는 것입니다.

"애통하는 자는 복이 있나니 그들이 위로를 받을 것임이요"(마 5:4)

하나님 안에 영원한 기쁨이 있습니다.

"이는 내 생각이 너희의 생각과 다르며 내 길은 너희의 길과 다름이니라 여호와의 말씀이니라 이는 하늘이 땅보다 높음 같이 내 길은 너희의 길보다 높으며 내 생각은 너희의 생각보다 높음이니라"
(사 55:8-9)

2장
뜻 밖에 만난 하나님의 뜻

의외

신비

역설

선과 악

교차

여지

| 의외 1

몰라서 다행

이 도성 안에 머물러 있는 사람은 전쟁이나 기근이나 염병으로 죽을 것이다. 그러나 지금 너희를 에워싸고 있는 바빌로니아 군대에게 나아가서 항복하는 사람은, 죽지 않을 것이다. 그 사람은 적어도 자신의 목숨만은 건질 것이다.
(렘 21:9, 새번역 성경)

힘들고 어려운 일이 생기면 크리스천들은 기도 부탁을 하곤 합니다. 그러면 형제자매가 조심스레 꺼내 놓은 기도 제목을 가지고 우리는 기도합니다. 남유다의 시드기야 왕도 국가의 풍전등화 상황에서 예레미야에게 기도 부탁을 했습니다. 그의 기도 제목은 무엇이었을까요? 국가적 위기를 극복할 수 있도록 하나님이 도와달라는 것이었습니다. 바빌로니아의 느부갓네살 군대가 예루살렘 성을 포위하고 있는 상황에서 하나님께 도움을 구하는 것은 너무나 당연하고 자연스러운 태도입니다.

문제는 하나님이 예레미야를 통해 주신 말씀이 시드기야의 기대와 완전히 달랐다는 것입니다. 바빌로니아에 의해 예루살렘이 망하고, 귀중한 예배 처소인 성전이 무너지고, 하나님의 백성들이 이방 신을 섬기는 사람들에게 패배하는 것이 하나님의 뜻이라는 응답이었습니다.

'내가 시드기야였다면 하나님의 뜻을 과연 받아들일 수 있었을까?' 생각해 봅니다. 하나님의 뜻은 내 기대와 다를 수 있고, 하나님은 내가 원하던 길과 전혀 다른 길로 인도하실 수도 있습니다. 그런데 막상 그 상황 속에 있어 보면 그렇게 쉽게 생각할 수 있는 것이 아니라는 것을 알게 됩니다.

남유다의 상황에 비슷한 예를 들자면, 교회 공동체의 회복을 위해 기도하고 있는 사람들에게 하나님께서 교회가 망하는 것이 당신의 뜻이라고 알려주신 것과도 같습니다. 교회 건물이 나이트클럽으로 팔릴 것을 안타까워하고 있는 사람들에게 하나님께서 얼른 계약서에 도장 찍으라고 말씀하신 셈입니다. 이런 것을 하나님의 뜻이라고 누가 인정할 수 있겠습니까?

어쩌면 이 시대를 살아가는 우리들에게 주어진 가장 큰 축복은 결정적인 하나님의 뜻이 가려져 있다는 것인지도 모르겠습니다. 그저 우리에게 주어진 하루하루를 전쟁처럼 살다가, 한참을 지나 치열했던 지난날들을 돌아보면서 하나님의 뜻을 더듬어 발견하도록 하신 것, 그것은 하나님의 배려입니다. 하나님의 뜻을 알았을 때 그것을 감당할 수 있는 사람이 과연 누가 있겠습니까?

**하나님의 뜻을 더듬어 발견하도록 하신 것,
그것은 하나님의 배려입니다.**

| 의외 2

뜻 밖에 만난 하나님의 뜻

느고가 요시야에게 사신을 보내어 이르되 유다 왕이여 내가 그대와 무슨 관계가 있느냐 내가 오늘 그대를 치려는 것이 아니요 나와 더불어 싸우는 족속을 치려는 것이라 하나님이 나에게 명령하사 속히 하라 하셨은즉 하나님이 나와 함께 계시니 그대는 하나님을 거스르지 말라 그대를 멸하실까 하노라 하나
(대하 35:21)

하나님이 나에게 명령하셨다고 얘기하는 느고의 말이 요시야에게는 어떻게 들렸을까요? 기분이 상당히 언짢았는지도 모르겠습니다. 요시야가 하나님을 더 잘 알겠습니까? 이집트의 느고 왕이 하나님을 더 잘 알겠습니까? 상식적으로도 요시야가 하나님의 뜻을 더 잘 분별할 수 있다고 여기는 게 당연합니다.

요시야는 탁월한 영적 리더였습니다. 그는 철저하게 하나님의 말씀에 근거한 거의 완벽에 가까운 종교개혁을 이루었습니다. 열왕기하에 의하면 그 스케일과 디테일이 전무후무한 개혁이었습니다. 느고는 이집트의 왕입니다. 하나님과는 상관없이 사는 사람입니다. 어떻게 이방인 따위가 하나님의 뜻을 알고 있다고 할 수 있겠습니까? 요시야로서는 코웃음을 칠 얘기입니다.

"요시야가 몸을 돌이켜 떠나기를 싫어하고 오히려 변장하고 그와 싸우고자 하여 하나님의 입에서 나온 느고의 말을 듣지 아니하

고"(대하 35:22)

성경은 하나님을 모르는 사람을 통해서도 하나님께서는 말씀하시고 역사하실 수 있다고 증언합니다. 역대하는 하나님께서 페르시아 고레스 왕의 마음을 감동시키셨다는 메시지로 마무리됩니다.

율법책을 발견하고 종교개혁을 이루고 유월절을 성대하게 치른 요시야조차도 알아차리기가 쉽지 않은 하나님의 뜻이 있었습니다. 어쩌면 그가 세운 업적이 자신의 눈과 귀를 가렸는지도 모르겠습니다. 내가 더 잘 알고 있다고 생각했기 때문에 내가 모르는 줄 모르는 것입니다.

하나님께서는 어떤 방법으로든 누구를 통해서든 그 섭리를 이루어 가십니다. 불신자 사장님을 통해서도 하나님께서는 일하시고, 하나님을 알지 못하는 정치인들을 통해서도 하나님의 섭리는 이루어져 갑니다. 이 사실을 인정하는 것이 역사의 주관자에 대한 신앙고백입니다.

성경 좀 읽었다고, 교회 좀 다녔다고, 설교 좀 했다고, 기도 좀 더 많이 한다고 하나님의 뜻을 더 잘 알 거라는 생각은 어쩌면 오만이고 오산일 수 있습니다. 더 알아갈수록 다 알 수 없는 하나님의 뜻 앞에서 잠잠할 뿐입니다.

요시야 왕은 느고의 입을 통해 전달된 하나님의 말씀을 무시했다가 므깃도에서 죽고 맙니다.

| 의외 3

머리 쓰다가 망한 유다

> 그가 사절을 애굽에 보내 말과 군대를 구함으로 바벨론 왕을 배반하였으니 형통하겠느냐 이런 일을 행한 자가 피하겠느냐 언약을 배반하고야 피하겠느냐
> (겔 17:15)

하나님은 유다 백성이 바빌로니아에 투항하기를 원하셨습니다. 바빌로니아에 투항하는 것이 살길이라고 말씀하셨습니다. 이런 하나님의 뜻을 어느 누가 납득할 수 있었을까요?

유다 백성들에게는 바빌로니아에 저항해야 할 충분한 이유가 있었습니다. 투항은 여호와 신앙과 민족의 정체성을 포기하는 것과 같았습니다. 또한 그들은 바빌로니아의 잔혹함이 두렵기도 했습니다.

결정적으로는 바빌로니아의 멸망과 유다의 승리를 예언하는 선지자들이 있었다는 것입니다. 유다 왕실과 백성은 선지자들의 말씀에 힘입어 위로와 용기를 얻었습니다. 그리고는 바빌로니아에 저항했습니다.

만약 내가 그 시대 유다 백성의 한 사람이었다면 어떤 입장을 가졌을지 생각해 봅니다.

하나님의 뜻을 파악하는 일은 마치 지도를 그리는 것과 비슷합니다. 낯선 지역에 처음 발을 디디며 그 지역의 지도를 머릿속에 단번에 그릴 수 있는 사람은 아무도 없습니다. 동네 구석구석을 다녀보고 나서야 대략의 모양새가 그려질 뿐입니다. 하나님의 섭리는 내 시야에 한 번에 들어오지 않을 정도로 거대하고, 나의 경험에 다 담기지 않을 정도로 낯섭니다.

그래서 우리에게 반드시 시간이 필요합니다. 세월이 흘러 뒤를 돌아보았을 때 어렴풋하게나마 보이는 것이 하나님의 뜻입니다. 예레미야나 에스겔과 같은 선지자가 아닌 이상 우리는 앞을 바라보며 하나님의 뜻을 파악할 길이 없습니다.

어쩌면 유다 백성으로서는 바빌로니아에 투항하지 않으려는 태도가 당연하고 자연스러운 것이었는지도 모르겠습니다. 문제는 꼼수입니다. 그들이 이집트에 빌붙는 꼼수를 부린 것입니다.

"그가 사절을 애굽에 보내 말과 군대를 구함으로 바벨론 왕을 배반하였으니 형통하겠느냐 이런 일을 행한 자가 피하겠느냐 언약을 배반하고야 피하겠느냐"(겔 17:15)

바빌로니아는 애초에 남유다에 불필요한 힘을 소모할 생각이 없었습니다. 이집트 정벌을 하러 가는 길목의 약소국 따위에 신경 쓰고 싶지 않았습니다. 그러나 남유다가 이집트 편에 서자 상황이 달라진 것입니다. 이집트 정벌이 주된 목적인 바빌로니아를 상대하면서 이집트에 붙어버린 것은 남유다의 결정적 실수였습니다.

바빌로니아는 시드기야가 부린 꼼수에 화가 나서 시드기야의 아들들을 시드기야가 보는 앞에서 죽이고 시드기야의 두 눈을 뽑아 버렸습니다. 두 눈에 담긴 마지막 장면이 자기 아들들의 처형이라니, 그 고통은 이루 말할 수 없었을 것입니다.

하나님의 뜻이 헷갈리는 상황 속에서 우리에게 필요한 지혜는 머리를 너무 많이 쓰지 않는 것입니다. 남유다는 괜히 여기 기웃, 저기 기웃하다가 머리가 터진 꼴이 되었습니다.

사람과 맺은 약속을 끝까지 지키는 것, 그것이 때로는 하나님의 뜻입니다. 그 약속이 비록 이방인과의 약속이었을지라도 말입니다. 남유다 시드기야 왕이 바빌로니아 느부갓네살 왕과 맺은 약속만이라도 지켰더라면, 역사의 흐름은 달라지지 않았을까요?

하찮아 보이는 약속 하나에
하나님의 인도하심이 숨겨져 있습니다.

| 신비 1

우연과 필연의 상관관계

룻이 가서 베는 자를 따라 밭에서 이삭을 줍는데 우연히 엘리멜렉의 친족 보아스에게
속한 밭에 이르렀더라
(룻 2:3)

룻이 이삭을 주우러 간 밭이 하필이면 보아스의 밭이었습니다. 룻이 의도한 것도 아니었고, 보아스가 유도한 것도 아니었습니다. 그것은 우연이었습니다. 우연이란 일종의 거대 구조물과도 같습니다. 룻기 전체는 우연이라는 구조물의 설계 도면을 보여줍니다.

우연을 구성하는 데 가장 필수적인 요소는 바로 '필연'입니다. 필연으로 뼈대를 짜고, 필연으로 살을 붙이고, 필연으로 내외부를 장식한 거대한 구조물이 '우연'이라는 것입니다. 다만 너무 많은 필연 때문에 그 필연을 다 셀 수가 없을 뿐입니다. 인간이 인식할 수 있는 범위를 넘어갈 정도로 필연의 양이 방대하고 구조가 복잡하기에, 필연의 연결점이 너무 많아 다 헤아릴 수가 없어서 우리에게는 우연으로 인식되는 것입니다.

신앙을 갖는다는 것은 우연을 바라보는 다른 해상도의 눈을 갖는 것입니다. 멀리서 봤을 때는 그저 멋진 한 폭의 그림인 줄 알았는데, 가까이 가보니 퍼즐인 겁니다. 그런데 더 가까이서 보니까 퍼

즐도 그냥 퍼즐이 아니라 모자이크 퍼즐이라는 것을 발견하는 것처럼, 믿음이란 차원이 다른 해상도의 안목입니다.

그때는 실수였는데, 그때는 시간 낭비라고 생각했는데, 하나님의 뜻 안에 들어와 보니 그 모든 것이 없어서는 안 될 소중한 퍼즐 조각이라는 것, 우리가 믿음 안에서 고백하게 되는 사실 아닌가요?

그렇게 우연이라는 '뜻밖'의 사건 내막을 면밀히 조사하다 보면 우리는 어느덧 하나님의 '뜻 안'으로 걸어 들어가게 됩니다. 그리고 모든 것이 하나님의 '뜻 안'이었다는 것을 알아차림과 동시에 경외감에 휩싸여 전율하게 되는 것입니다.

룻과 보아스는 자신들에게 지금 무슨 일이 벌어지고 있는지 알기나 했을까요? 우리도 지금 당장에는 모릅니다. 하지만 시간이 지나 뒤를 돌아볼 때 가장 자세하게 보입니다. 거기에 은혜가 있었고 하나님의 뜻이 있었다는 사실을 말입니다. 그것을 한 번 보고 나면 앞길을 보는 눈도 달라집니다.

우연은 무한한 필연입니다.
그래서 우연은 없습니다. 섭리가 있을 뿐입니다.

| 신비 2

노아의 침묵

지면의 모든 생물을 쓸어버리시니 곧 사람과 가축과 기는 것과 공중의 새까지라 이들은 땅에서 쓸어버림을 당하였으되 오직 노아와 그와 함께 방주에 있던 자들만 남았더라
(창 7:23)

노아 가족은 홍수 심판의 유일한 생존자들이었습니다. 그들만 살아남고 모든 사람이 다 죽었습니다. 그래서 그들은 행복했을까요? 노아는 기뻤을까요? 물속에서 스러져 간 이들에 대한 안쓰러움, 살아남은 것에 대한 미안함과 책임감, 심판의 철저함에 대한 두려움 등 복잡한 심경으로 인해 그는 마냥 웃을 수 없었는지도 모르겠습니다. 방주를 지을 때는 어땠을까요? 신명 나서 방주를 만들지는 않았을 것 같습니다. 이 땅에 곧 닥쳐올 무서운 미래를 알고 있었기에 그가 방주를 지으며 짊어졌을 마음의 무게는 아마도 상상을 초월했을 것입니다.

노아의 홍수 이야기에는 아주 독특한 면이 하나 있습니다. 노아가 하나님의 명령을 받고, 산 위에 방주를 만들고, 홍수가 나고 걷히며, 노아의 가족이 방주 바깥으로 나와 제단을 쌓기까지 노아의 말이 단 한마디도 성경에 기록되어 있지 않다는 것입니다. 우리는 노아가 이 중대한 사건의 한복판에서 무슨 얘기를 했는지 전혀 알

수 없습니다. 노아가 실제로 침묵하지는 않았을 것입니다.

그러나 성경은 노아의 발언에 대해 침묵합니다. 이 침묵은 노아가 느꼈을 무게감을 더 생생하게 만듭니다. 말로 표현되고 기록되는 순간, 깊이가 사라져 버릴 때가 있습니다. 말과 글 속에서 진실의 농도가 희미해지는 순간도 있습니다. 그래서 어떤 때에는 침묵이야말로 가장 적절한 언어가 됩니다.

성경은 은혜 입은 한 사람의 삶을 침묵 속에 담습니다. 노아는 은혜 입은 사람이었습니다. 은혜 입었다는 것이 무엇일까요? 그는 방주를 만드는 세월 내내, 그리고 방주 안에서 보내는 시간 동안 하나님의 명령에 순종하면서도, 자신이 받은 은혜에 대해 질문하지 않을 수 없었을 것입니다. "왜 나일까?" 살아남은 자는 늘 질문과 함께 남습니다. 은혜도 질문과 함께 남습니다. 노아는 왜 자신만 은혜를 입었는지, 왜 다른 이들은 선택되지 않았는지, 은혜의 불가해성 앞에 질문과 함께 남겨졌습니다.

선택받았다는 것, 그것은 침묵에 둘러싸여 있을 때 은혜일 수 있습니다. 은혜는 이해와 다릅니다. 하나님은 우리를 이해할 수 없는 영역에 남겨 두심으로 은혜와 신뢰의 깊이를 더해 가십니다.

**이해 너머에 은혜가 있습니다.
침묵으로 그 고개를 넘습니다.**

| 역설 1

성령에 이끌려 마귀를 만나다

예수께서 성령의 충만함을 입어 요단 강에서 돌아오사 광야에서 사십 일 동안 성령에게 이끌리시며 마귀에게 시험을 받으시더라
(눅 4:1-2)

성도는 성령의 이끄심을 따라 사는 존재입니다. 우리는 성령의 인도하심을 구하며 삽니다. 내 계획과 내 뜻과 내 예상대로 인생이 풀리는 것보다 성령의 인도하심이 더 선하다고 믿기 때문입니다.

그런데 그 믿음이 꺾이는 순간을 마주할 때가 있습니다. 무언가 일이 잘못되어 가는 것 같은 강한 확신이 들 때가 있습니다. 그럴 때면 과연 하나님이 나를 인도하고 계시는지 의심이 들곤 합니다.

누가복음 4장 1, 2절의 표현은 어딘가 앞뒤가 맞지 않는 것 같습니다. 어떻게 성령에게 이끌리어 마귀에게 시험을 받을 수가 있습니까? 성령이시라면 마귀를 쫓아버리셔야 하는 것 아닌가요? 성령께서 마치 사전에 마귀와 협의한 것처럼 마귀에게 예수님을 인계하는 장면은 이해가 쉽지 않습니다.

"하루는 하나님의 아들들이 와서 여호와 앞에 섰고 사탄도 그들 가운데에 온지라"(욥 1:6)

욥기의 이 장면을 기억하십니까? 마귀를 막아서시며 욥을 보호하셔도 모자랄 판에 하나님은 욥의 인생을 마귀의 손에 넘기십니다.

어쩌면 선과 악의 구조가 우리가 생각하는 것처럼 단순하지 않은지도 모르겠습니다. 실제로는 지구가 태양 주위를 돌고 있지만, 언뜻 보기에는 태양이 지구 주위를 돌고 있는 것처럼 느껴지듯이, 선과 악이 작동하는 방식을 직관적으로 이해하기에는 인간이 너무 작습니다. 겉보기와 실제가 어떻게 다른지 파악하기에는 선악의 구조가 생각보다 더 다층적이고 복합적입니다.

하나님은 선악을 판단하는 권한을 인간에게 허락하지 않으셨습니다. 한 길 사람 속을 모르는 인간이, 한 치 앞도 모르는 인간이, 100년도 못 사는 인간이 판단하는 일이 정확하면 얼마나 정확하겠습니까? 단지 자기중심적으로 모든 것을 해석할 뿐입니다. 모든 것을 나 중심적으로 해석하기 때문에 언제나 내가 옳습니다. 이것이 선악과를 먹어서 인간이 얻은 죽음입니다.

"너의 행사를 여호와께 맡기라 그리하면 네가 경영하는 것이 이루어지리라 여호와께서 온갖 것을 그 쓰임에 적당하게 지으셨나니 악인도 악한 날에 적당하게 하셨느니라"(잠 16:3-4)

선악을 판단하는 것이 문제가 아닙니다.
기준이 '나'라는 것이 문제입니다.

| 역설 2

비극을 통해 알게 된 간극

> 그가 물러가기를 거절하매 아브넬이 창 뒤끝으로 그의 배를 찌르니 창이 그의 등을 꿰뚫고 나간지라 곧 그곳에 엎드러져 죽으매 아사헬이 엎드러져 죽은 곳에 이르는 자마다 머물러 섰더라
>
> (삼하 2:23)

아브넬은 더 이상 싸우고 싶지 않았지만, 아사헬이 멈추지 않습니다. 아브넬은 결국 대응할 수밖에 없었고, 아사헬은 아브넬의 창에 찔려 죽고 맙니다. 힘으로 시작된 전쟁은 언제나 어느 한쪽이 죽어야 끝이 납니다. 하지만 그 끝이 진짜 끝일까요? 원한과 복수의 시작입니다. 나중에는 아사헬의 형 요압이 아브넬을 죽입니다. 이처럼 힘으로는 어떤 갈등도 끝내지 못합니다. 또 다른 갈등을 불러일으키거나 갈등을 잠시 눌러 둘 뿐입니다.

그러면 사랑, 인내, 관용, 양보 등과 같은 태도가 갈등을 잠재울 수 있을까요? 어떤 사람들은 갈등의 악순환을 끊어 보고자 먼저 스스로 무장을 해제하고, 한 발 물러서는 용기를 보이기도 합니다. 실제로 그러한 노력이 빛을 발할 때도 있습니다. 하지만 안타깝게도 일시적이라는 것입니다. 상대의 선을 악용하는 사람이 반드시 등장하기 때문입니다. 그럴 때는 무장 해제했던 사람도 다시 무기를 들 수밖에 없습니다. 이것이 우리가 경험하고 있는 현실입니다.

놀라운 것은, 이러한 악순환이 하나님 나라가 세워지는 과정 속에서도 되풀이되었다는 사실입니다. 어쩔 수 없이 누군가는 죽어야 하고, 누군가는 죽여야 하는 비극을 우리는 구약의 역사서를 읽는 내내 마주하게 됩니다. 그렇다면 다윗 왕조가 세워지는 일이 하나님의 뜻에 합당하다고 해서 그 과정의 수많은 비극들이 정당화될 수 있는 것일까요?

성경은 이 질문에 대해 '정당화'보다는 '정직함'으로 답하는 것 같습니다. 하나님 나라를 세운다는 사람들조차 권력, 탐욕, 복수심, 이기심 등으로부터 자유로울 수 없다는 것을 있는 그대로 보여 줍니다. 인간의 수준이 딱 거기까지라는 것입니다. 아무리 좋은 의미, 취지, 명분을 가진 일에 참여한다고 하더라도 우리는 결국 인간이라는 것입니다.

성경은 하나님의 수준을 보여 줍니다. 갈등 상황을 타개하기 위해 인간이 고작 한다는 것이 희생양을 물색해서 십자가에 매다는 일이라면, 하나님은 바로 그 희생양이 되기를 자처하시며 십자가를 지셨습니다. 이것은 인간이 흉내조차 낼 수 없는 수준입니다. 우리는 이러한 수준을 '따라야 할 삶의 모범'이라고 쉽게 말해서는 안 됩니다. 따르고자 다짐하기에 앞서 해야 할 더 중요한 일이 있습니다. 하나님의 수준과 우리 사이의 간극을 확인하는 것입니다. 그래야만 '은혜'를 알게 됩니다. 은혜를 알면 쉽게 다짐하고 행동하기보다 그저 무릎을 꿇습니다.

| 선과 악 1

손익분기점과 선악분기점

어떤 사람은 땅의 경계표를 옮기며 양 떼를 빼앗아 기르며 고아의 나귀를 몰아가며 과부의 소를 볼모 잡으며 가난한 자를 길에서 몰아내나니 세상에서 학대받는 자가 다 스스로 숨는구나

(욥 24:2-4)

욥에게는 자기 인생이 망가져버린 것 같은 고통 외에 또 다른 고통이 있었습니다. 망가져 가는 세상을 사는 고통입니다. 망해야 할 사람들이 망하지 않고 형통해야 할 사람들이 망해 가는 현실이 납득이 되지 않는 것입니다. 욥기 24장에는 그런 욥의 심경이 잘 드러나 있습니다.

"어떤 사람은 땅의 경계표를 옮기며 양 떼를 빼앗아 기르며 고아의 나귀를 몰아가며 과부의 소를 볼모 잡으며 가난한 자를 길에서 몰아내나니 세상에서 학대받는 자가 다 스스로 숨는구나"(욥 24:2-4)

욥이 이 문제를 가지고 씨름하는 이유는 이 문제가 자신의 이야기이기도 하기 때문입니다. 욥처럼 정직하고 온전하게 살아온 사람도 없습니다. 인과응보나 권선징악 같은 프레임에 비추어 봤을 때, 욥이 당하고 있는 고난은 해석이 안 되는 것입니다. 친구들이 내놓은

해석이라곤 '분명히 뭔가 잘못한 게 있으니까 이런 벌을 받는 것이 아니냐? 잘 생각해 봐라'는 것이 전부였습니다.

그런데 좋은 사람에게도 나쁜 일은 일어납니다. 왜냐하면 그가 좋은 사람이기 때문입니다. 욥기의 출발이 그랬습니다. 사탄이 보여 준 언행을 볼 때, 선을 가만히 두고 보지 못하는 것이 악의 속성이라는 것을 알 수 있습니다.

악은 선을 악용합니다. 악해서 그렇습니다. 그리고 선은 늘 악용당합니다. 선해서 그렇습니다. 악해서 그렇고, 선해서 그럴 수밖에 없는 선과 악의 속성입니다.

왜 성경은 악을 악으로 갚지 말고 계속 선을 도모하라고 했을까요?(롬 12:17) 아무리 선한 동기라도 악을 갚으려다 보면 선이 악해지기 때문입니다. 악용당하더라도 선을 포기하지 않는 것이 선으로 악을 이기는 유일한 방법입니다.

악하게 살아서 망하면 악하게 살 사람 있을까요? 망하지 않고 성공하니까 악하게 삽니다. 그러나 선하게 살아서 망한다 해도 선하게 살 사람은 있습니다. 악하게 살아서 성공한다 해도 악하게 살지 않을 사람들이 있다는 것입니다.

악이 득세하는 것에 분노하고, 악인의 형통함에 고뇌하며, 때로는 그것을 부러워하면서도, 악인들의 꾀를 따르지 않기로 마음을 먹는 것이 복입니다(시 1:1).

선악보다 손익이 더 중요해지는 시대입니다. 이득이 되면 악이라도 허용이 되곤 합니다. 그러나 선은 이익이라서 따르는 것이 아닙니다. 그것이 옳기 때문에 따르는 것입니다. 신앙은 손익분기점보다 선악분기점에 더 예민해지는 길입니다.

**선하게 살아서 손해를 본다 해도,
그래도 선하게 살 사람은 있습니다.**

| 선과 악 2

보이는 것 너머의 세계

주인이 이르되 가만 두라 가라지를 뽑다가 곡식까지 뽑을까 염려하노라 둘 다 추수 때까지 함께 자라게 두라 추수 때에 내가 추수꾼들에게 말하기를 가라지는 먼저 거두어 불사르게 단으로 묶고 곡식은 모아 내 곳간에 넣으라 하리라
(마 13:29-30)

예수님의 이 이야기는 천국 비유입니다. 하나님이 천국을 어떤 방식으로 이루어 가시는지 알려주시기 위한 비유라는 것입니다.

천국을 이루는 방식에 있어 종과 주인의 극명한 생각 차이가 발생했습니다. 종은 가라지를 제거하는 방식으로 천국을 만들고자 했지만, 주인은 그러다가 도리어 천국을 망칠 수 있다고 경고합니다. 하나님 나라는 가라지를 제거하는 방식으로 이루어지는 것이 아니며, 하나님께는 가라지를 제거하는 것보다 알곡을 지키는 것이 우선이라는 것입니다.

하나님은 왜 가라지를 내버려 두시는가? 이 세상에 악이 횡행하는데, 하나님은 왜 가만히 계시는가? 하나님은 과연 정의로우신가? 이것이 종들의 답답함이었습니다. 당장 나가서 가라지를 다 뽑아버리고 싶은 종들의 조급함이었습니다.

예수님은 문제의 본질을 보라고 말씀하십니다. 예수님의 시선은

땅속에 있었습니다. 땅 위에 돋아난 가라지와 알곡의 문제가 아니라, 땅속에 있는 뿌리의 문제라고 알려주시는 것입니다. 가라지와 알곡이 땅 위에서는 따로따로인 것처럼 보입니다. 그러나 근원으로 들어가 보면, 문제의 뿌리로 들어가 보면 그 뿌리들이 복잡하게 얽혀 있습니다. 종은 보이는 세계만 보고 주인에게 졸라댔는데, 주인이 보고 있는 것은 종이 미처 인식하지 못하는 영역까지였습니다.

우리는 쉽고 간단하게 선과 악의 문제를 해결하고 싶어 합니다. 스스로 생각해 낸 방법과 묘책을 적용하고자 시도합니다. 하지만 예수님이 말씀하십니다. 그저 악을 축출한다고 해결될 문제가 아니라는 것입니다. 그런 식으로는 악이 해결되지도 않을 뿐더러 선을 잃어버리게 될 것이라고 경고하십니다. 우리는 선과 악을 단순하게 판단하고 문제를 뿌리 뽑고자 하지만 뿌리의 세계로 들어가 보면 생각보다 복잡하게 뒤엉켜 있는 경우가 많습니다. 예수님은 그 세계를 보고 계시는 것입니다.

알곡이 익을 때까지 기다리는 것이 중요합니다. 왜냐하면 그때가 되면 뿌리를 뽑지 않고도 해결할 수 있는 방법이 생기기 때문입니다. 바로 추수입니다. 종들이 주장한 방법은 뿌리 뽑기였지만, 주인이 생각하고 있는 방법은 추수였습니다.

"이는 내 생각이 너희의 생각과 다르며 내 길은 너희의 길과 다름이니라 여호와의 말씀이니라 이는 하늘이 땅보다 높음 같이 내 길은 너희의 길보다 높으며 내 생각은 너희의 생각보다 높음이니라"(사 55:8-9)

| 선과 악 3

악의 고리를 끊는 능력

악을 악으로, 욕을 욕으로 갚지 말고 도리어 복을 빌라 이를 위하여 너희가 부르심을 받았으니 이는 복을 이어받게 하려 하심이라
(벧전 3:9)

　악을 악으로 갚으면, 그 악이 스스로를 뉘우치고 악에서 돌이키며 선해질까요? 악을 악으로 갚으면 악은 더 악해질 뿐입니다. 더 악해진 악을 제어하기 위해서는 이전보다 더 악하고 더 독한 방법이 필요해집니다. 악순환이 시작되는 것입니다. 아이러니하지 않습니까? 악을 제어하고 심판하려는 선한 의도가 도리어 악순환을 가속시킨다는 것입니다. 그리고 악순환 속에 휘말리면 악을 심판하려는 나도 악해지는 길을 피할 수가 없습니다. 악마와 싸우다가 나도 악마가 되어버리는 것입니다.

　베드로는 '악을 악으로 갚지 말라'는 권면을 하면서 과거의 기억이 떠올랐을 것입니다. 자기가 칼로 대제사장의 종의 귀를 잘랐던 일이 생각나지 않았을까요? 그때 예수님이 하셨던 말씀, "칼을 쓰는 자는 칼로 망한다." 베드로는 잊을 수 없었을 것입니다.

　악의 고리는 칼로 끊어낼 수 없습니다. 악의 고리는 칼을 칼집에 도로 꽂을 때 끊어집니다. 악에 대한 가장 무서운 심판은 복을 빌

며 선대하는 것입니다. 예수님이 십자가 위에서 보여주셨습니다. 십자가는 인간의 모든 악순환이 선순환으로 전환되는 변곡점입니다. 이것은 예수님만이 만드실 수 있는 변화입니다.

베드로도 처음에는 악을 악으로 갚았습니다. 그도 칼을 썼습니다. 그러나 다행히 그는 예수님 곁에 있었습니다. 그것이 그가 칼을 다시 칼집에 넣을 수 있었던 유일한 이유입니다.

한편으로, 과연 무엇이 악인가? 누가 악인인가? 곰곰이 생각해 볼 필요가 있습니다. 무언가를, 누군가를 악이라고 규정할 때, 도대체 기준이 무엇인가 하는 문제입니다. 인간은 항상 자기 기준으로 선과 악을 판단하곤 합니다. 나에게 유리하면 선하고, 나에게 불리하면 악하다고 여기는 경향이 있습니다. 그래서 친한 사람 치고 나쁜 사람 없는 것입니다. 악한 사람도 친해지면 좋은 사람이 됩니다. 악한 자라도 자식에게는 좋은 것을 줄 줄 압니다.

우리는 모두가 누군가에게는 선하고, 누군가에게는 악합니다. 선한 면모와 악한 면모를 고루 갖추고 있습니다. 때문에 악을 악으로 갚다가 나도 악한 면모가 계발되는 것입니다. 예수님마저도 악을 선으로 갚으셨는데, 우리가 무슨 재주로 악을 악으로 갚아서 악의 문제를 해결할 수 있을까요?

"악이 악인을 죽일 것이라"(시 34:21)

악, 그 자체가 악에 대한 심판입니다.

| 선과 악 4

형통하게 사느라 고통스러운

네 마음으로 죄인의 형통을 부러워하지 말고 항상 여호와를 경외하라
(잠 23:17)
너는 악인의 형통함을 부러워하지 말며 그와 함께 있으려고 하지도 말지어다
(잠 24:1)

악하게 살아도 형통할 수 있는 세상입니다. 그런데 악하게 살아서 형통하면 주변 사람들이 고통스럽습니다.

무엇이 악한 걸까요? 내가 형통하기 위해 남을 고통스럽게 하는 것이 악한 것입니다. 그렇다면 성경이 말하는 형통은 무엇일까요? 누군가의 형통을 위해 기꺼이 고통을 감내할 줄 아는 것입니다.

창세기에 보면 요셉의 이야기가 나옵니다. 성경은 요셉의 인생이 형통했다고 반복적으로 언급합니다. 특이하게도 요셉이 이집트의 총리가 된 이후에는 요셉이 형통했다는 표현이 나오지 않습니다. 도리어 인생의 밑바닥을 기고 있을 때 요셉이 형통했다고 말합니다.

보디발의 집에서 노예 생활을 할 때, 요셉 덕분에 보디발 집안 전체가 형통했습니다. 그가 감옥에 갔을 때, 요셉 덕분에 감옥의 제반 업무가 형통했고, 술 맡은 관원장이 형통함을 입었습니다. 또한

요셉이 이집트에 노예로 팔린 덕분에 야곱의 가정 전체가 형통하게 되었습니다.

요셉은 가지가 담장 너머로 뻗은 나무였습니다. 그래서 담장 밖에 있는 사람들이 그 가지에 달린 열매를 먹을 수 있었습니다.

오늘날 우리는 나 자신의 형통 외에는 별 관심이 없는 세상을 삽니다. 우선 내가 형통하고 보는 게 중요한 시대입니다. 형통할 수 있다면 좀 악해지는 것도 나쁘지 않다는 메시지를 날마다 접하며 삽니다.

그 결과 우리는 타인의 고통에 점점 무감각해지고, 결국 모두가 고통스러워지는 가운데 나 혼자 그 고통을 탈출하기 위해 몸부림하는 현실을 만들어 가고 있습니다.

더 큰 문제는 악인의 형통이라도 부럽다는 것입니다. 형통 그 자체가 우상화되고 있다는 것 아닐까요? 성경은 악이 악인을 죽일 것이라고 했습니다(시 34:21). 각자가 형통하게 사느라 양산해 낸 악에 모두가 서서히 죽어 가는 형국입니다.

악인의 형통인데도 그게 부러우면 형통 중독입니다. 그 중독으로부터 풀려나는 처방으로 잠언은 경외심을 말합니다.

"네 마음으로 죄인의 형통을 부러워하지 말고 항상 여호와를 경외하라"(잠 23:17)

| 선과 악 5

악한 자를 돕는 하나님

아람 사람이 말하기를 여호와는 산의 신이요 골짜기의 신은 아니라 하는도다 그러므로 내가 이 큰 군대를 다 네 손에 넘기리니 너희는 내가 여호와인 줄을 알리라
(왕상 20:28)

우리는 세상의 갈등을 선과 악의 대립으로 해석하려는 경향이 있습니다. 하지만 열왕기상 20장에서 벌어지는 아합과 벤하닷의 전쟁은 그런 단순한 구도로 설명되지 않습니다. 아합은 바알 숭배와 악행으로 북이스라엘을 타락시킨 인물이고, 벤하닷은 오만한 이방 왕입니다. 이 싸움은 선과 악이 아니라 악과 악의 충돌입니다.

하나님은 악과 악의 충돌에 개입하십니다. 개입의 이유는 명확합니다. "너희는 내가 여호와인 줄 알리라" 하나님은 아합을 편들거나 벤하닷을 징벌하기 위해서가 아니라, 자신이 여호와이심을 알리기 위해 개입하십니다. 그리고는 아합에게 승리를 안겨주십니다.

하나님이 어느 한쪽의 승리를 도우셨다고 해서 그쪽이 선하다는 뜻이 아닙니다. 하나님은 때로 악한 자를 사용해 악한 자를 치시고 그 과정을 통해 하나님의 주권을 드러내십니다. 우리는 "하나님이 살아계신다면 왜 악이 활동하는가?"를 묻습니다. 그러나 성경은 이렇게 대답합니다. "악과 악의 충돌 속에서도 하나님은 활동하시며 자기 자신을 계시하신다"

아람 사람들은 하나님을 '산의 신'이라고 여겼습니다. 이것은 고대 근동에 널리 퍼져 있던 지역신(local god)의 개념입니다. '대지의 신', '바다의 신'과 같이 신들마다 고유의 영역이 있고, 그 영역에 한하여 힘을 발휘합니다. 그러나 여호와 하나님은 그런 신이 아닙니다. 그분은 땅과 바다, 이스라엘과 아람 모두를 다스리시는 분입니다.

세상은 단순히 선과 악으로 나누어지지 않습니다. 종류가 다른 악, 크기가 다른 악이 공존합니다. 현실의 갈등은 선과 악의 대립이라기보다 악과 또 다른 악의 마찰인 경우가 대부분입니다. 이런 현실을 인식한다면, 악 속에서 선한 뜻을 이루어가시는 하나님의 활동이 그저 경이롭습니다.

"여호와께서 온갖 것을 그 쓰임에 적당하게 지으셨나니 악인도 악한 날에 적당하게 하셨느니라"(잠 16:4) 이것이 구원사 속에서 포착되는 진실입니다. 선하신 하나님은 악에 대립되어 존재하는 분이 아닙니다. 하나님은 악을 선하게 사용할 수 있는 유일한 분이십니다.

하나님을 '선'의 영역에서만 활동하는 분이라고 믿는다면, 아람 사람들이 여호와를 '산의 신'이라고 여겼던 것과 무슨 차이가 있을까요? 악에 대립되어 존재하는 하나님은 선이라는 영역의 지역신(local god)일 뿐입니다. 대지의 신은 바다에서 힘을 못 씁니다. 그러나 선하신 하나님은 악이 활개를 치는 곳에서도 여전히 전능자이십니다.

| 교차 1

역사의 두 무늬

살몬은 보아스를 낳았고 보아스는 오벳을 낳았고 오벳은 이새를 낳고 이새는 다윗을 낳았더라
(룻 4:21-22)

　룻기는 족보로 끝을 맺습니다. 성경의 족보는 다소 낯설고 딱딱하게 느껴지는 것이 사실입니다. 그러나 룻기의 마지막에 등장하는 이 짧은 족보는, 단지 이름의 나열이 아니라 하나의 반전이며 룻기의 절정입니다. 작은 마을에서 벌어진 남녀 간의 이야기인 줄 알았는데, 이 이야기가 구속사와 맞물린 중요한 서사라는 것을 알려 주는 장치가 바로 이 족보입니다. 우리는 이 족보를 통해 인간사와 구속사가 얽혀 있는 모양을 그려 보게 됩니다.

　구속 서사의 사이사이에는 수많은 인간사가 엮여 있습니다. 구속사가 씨실이라면 인간사는 날실입니다. 인간의 선택이라는 날실 사이를 하나님의 주권이라는 씨실이 관통하고 있습니다. 룻이 들판에서 보리를 줍던 그 하루, 보아스가 성문 앞에서 기업 무를 책임의 순서를 기다리던 시간, 이 모든 자잘한 날실들 사이로 하나님은 다윗이라는 씨실을 꿰고 계셨던 것입니다. 이 씨실과 날실이 교차하여 만들어 내는 독특한 문양이 바로 역사인 것입니다.

나오미의 인생과 룻의 인생이 엮였습니다. 또한 룻의 인생과 보아스의 인생이 엮였습니다. 그리고 이 모든 것이 하나님과 엮여 있습니다. 이 신비한 엮임과 얽힘이 룻기에 고스란히 드러나 있는 것입니다. 룻기 4장에 나온 아무개, 그는 보아스보다 엘리멜렉 집안과 더 가까운 친족이었습니다. 기업 무를 책임이 그 아무개에게 있었습니다. 그래서 그는 자신이 엘리멜렉의 기업을 무르겠다고 말합니다. 이 부분은 룻기 전체에서 긴장감이 최고조에 달하는 지점입니다. 하마터면 룻이 전혀 엉뚱한 사람과 결혼할 뻔했습니다. 룻과 보아스가 결혼하지 못할 수도 있었던 그 아슬아슬한 순간, 하나님의 섭리는 촘촘한 날실의 틈조차 놓치지 않으셨습니다.

성경은 이렇게 우리를 이야기로 초대합니다. 하나님은 당신의 섭리를 논리적 체계나 교리로 가르치시기보다 이야기로 가르치십니다. 인문(人紋)과 천문(天紋)이라는 두 무늬가 어우러져 전혀 새로운 무늬를 만들어 내는 이야기입니다. 지극히 인간적인 이야기이지만, 그 속에는 하나님의 서사가 흐르고 있습니다. 이것은 엄격한 과학적 언어로도 증명할 수 없는 깊이입니다. 법률적 용어의 치밀함으로도 진술이 불가합니다. 오직 서사로만 표현될 수 있는 깊이와 넓이입니다.

지금 이 순간에도 역사의 씨실과 날실은 교직되고 있습니다. 보잘것없는 내 오늘 하루의 서사도 구원의 서사와 함께 흐르고 있다는 것을 믿으며 이삭을 줍는 현장으로, 성문 앞으로 나아갑니다.

| 교차 2

중첩 Superposition

그러나 여호와께서 바로의 마음을 완악하게 하셨으므로 그들의 말을 듣지 아니하였으니 여호와께서 모세에게 말씀하심과 같더라
(출 9:12)

하나님이 파라오의 마음을 조종하신 것일까요? 하나님의 의지에 따라 파라오의 마음이 완악해졌다면, 그의 악행에 대한 책임을 파라오에게 물을 수 있을까요? 이러한 질문 앞에서 우리 이성의 나침반 바늘은 방향을 잃어버립니다. 머리에 지진이 납니다. 모든 것이 하나님의 계획 안에서 결정되었다면 우리의 자유와 선택은 무슨 의미를 지니며, 내가 죄를 짓는 것조차 하나님의 뜻 안에 포함된 것이라면, 그것을 어떻게 내 책임이라 할 수 있을까요? 하나님의 주권과 인간의 자유의지는 논리적으로 서로 양립할 수 없는 모순인 것이 틀림없습니다.

한편, 100여 년 전 과학계에서는 과학자들의 머리에 지진을 일으킨 발견이 있었습니다. 양자역학입니다. 과학자들은 빛이 입자인 동시에 파동이라는 것을 발견했습니다. 고전 과학의 논리에서 입자와 파동은 공존할 수 없는 상태입니다. 쉽게 말해서, 고양이는 죽었거나 살았거나 반드시 둘 중 하나의 상태만을 가질 수 있지만, 양자역학에 의하면 살아 있고 죽어 있는 상태가 동시에 공존한다는

것입니다. 유명한 '슈뢰딩거의 고양이' 이야기입니다. 양자역학은 이 모순적인 상태를 '중첩'(superposition)이라는 개념으로 설명합니다. 모순된 두 상태가 서로를 배제하지 않고 공존한다는 것입니다. 이것은 이론이 아닙니다. 자연에서 관찰되는 경험적 사실입니다. 모순된 상태의 중첩을 인간이 이해하든 말든, 자연은 지금까지 그렇게 존재해 왔고 지금도 그렇게 존재하고 있습니다. 그것이 자연스러움입니다.

하나님의 주권과 인간의 자유의지도 그러한 관계가 아닐까요? 모순되지만 자연스럽게 중첩되어 있습니다. 역사란 하나님의 절대적 계획과 인간의 자유로운 선택이 중첩되어 있는 현실인지도 모르겠습니다. 그것을 파악하려는 순간, 우리에게는 하나의 확정된 상태로 관찰될 뿐입니다. 파라오의 완악함에 대해 성경은 어떤 곳에서는 하나님의 뜻이라고, 어떤 곳에서는 파라오의 의지라고 말합니다. 우리는 성경이 두 가지 진술을 모두 하고 있다는 것을 기억할 필요가 있습니다.

모순은 문제이기보다 신비입니다. 문제는 해결될 수 있는 무엇이지만, 신비는 다함이 없고 무한합니다. 사람이 문제에 갇히면 자기 스스로에게도 갇히고 말지만, 신비에 둘러싸이면 자기 자신을 넘어서는 자유를 경험합니다.

| 교차 3

하나님이 등장하지 않는 성경

네가 왕후의 자리를 얻은 것이 이때를 위함이 아닌지 누가 알겠느냐
(에 4:14)

　에스더서에는 하나님에 대한 언급이 단 한 차례도 나오지 않습니다. 여러 사건들이 소개되지만, 벌어지는 사건들에 하나님이 개입하셨다는 표현이 없습니다. 다니엘서에는 우상을 섬기던 이방 국가의 왕이 하나님을 찬양하게 되는 드라마틱한 장면이 나오지만, 에스더서에는 그런 것도 없습니다. 2,500년 전, 페르시아 왕국의 왕실을 둘러싸고 벌어지는 일을 기록한 그저 사극 드라마 한 편을 보는 것 같습니다.

　그런데 이러한 점이 우리 일상의 한 단면과 비슷하다는 것입니다. 우리는 굳이 하나님을 언급하지 않고도 설명이 가능한 많은 일을 경험하며 삽니다. 내가 열심히 해서 돈도 벌고, 문제가 생기면 문제를 해결하려 이리저리 뛰어다니는 것도 '나'이고, 이 사람 저 사람 만나서 일이 진행되게 하는 것도 '나'입니다. 때로는 하나님께서 과연 일하고 계신지 아리송할 때도 있습니다. 하나님이라는 존재보다는 확률과 과학, 심리와 자본의 원리로 설명하는 것이 더 그럴듯해 보이는 세상을 삽니다. 에스더서는 그런 우리의 현실을 하나님의 섭리와 계획 속으로 초청합니다.

우리 인간은 다 나름의 계획이 있습니다. 에스더서는 여러 사람의 계획이 어떻게 얽혀 있는지를 보여줍니다. 아하수에로 왕도 계획이 있었고, 그의 신하들도 계획이 있었고, 모르드개도 계획이 있었고, 에스더도 나름의 계획이 있었습니다. 하만도 자기 계획이 확실했던 사람이었습니다.

그렇게 인간 나름의 계획들이 충돌하고 얽히고 무산되고 수정되며 교차하는 동안 묘하게 이루어져 가는 하나님의 섭리야말로 에스더서가 전하는 은혜이고 신비입니다.

"네가 왕후의 자리를 얻은 것이 이때를 위함이 아닌지 누가 알겠느냐"(에 4:14)

그렇습니다. 하나님의 뜻과 계획이 어떻게 이루어져 가고 있을지 누가 알겠습니까? 그리스도인이란 하나님 없이도 굴러가는 것 같은 세상 속에서 하나님의 섭리와 계획을 염두에 두고 사는 사람입니다. 때로는 존재하지 않을 확률이라고도 말하는 하나님의 계획에 목숨을 걸기도 합니다.

"당신은 가서 수산에 있는 유다인을 다 모으고 나를 위하여 금식하되 밤낮 삼 일을 먹지도 말고 마시지도 마소서 나도 나의 시녀와 더불어 이렇게 금식한 후에 규례를 어기고 왕에게 나아가리니 죽으면 죽으리이다"(에 4:16)

| 여지 1

뒤늦게 생각나는 기쁨

내가 주의 말씀에 요한은 물로 세례를 베풀었으나 너희는 성령으로 세례를 받으리라 하신 것이 생각났노라
(행 11:16)

베드로는 그제야 생각이 났습니다. 아마도 예수님이 그런 말씀을 하셨는지 기억하지도 못하고 지냈을 것입니다. '무슨 뜻일까?' 궁금하게 생각했던 순간이 잠시 있었는지는 모르겠지만, 크게 관심을 두고 살지는 않았습니다. 그러다가 어느 날 문득 생각이 난 것입니다.

살다 보면 나중에야 깨닫게 되는 것이 있습니다. 당시에는 대수롭지 않게 여기고 그냥 지나쳤는데, 예기치 못한 상황 속에서 과거의 일들이 마치 퍼즐 조각이 맞춰지듯 한 폭의 그림으로 완성되는 순간이 있습니다.

얼마나 이해하고 사십니까? 순간에 다 파악이 가능한 지식이라는 것이 세상에 얼마나 될까요? 신앙생활은 더더욱 그렇습니다. 이 땅의 계산법으로 헤아릴 수 없는 것이 너무 많습니다. 100년을 채 살지 못하는 인간의 너비와 깊이에 다 담을 수 없는 영원함이 있습니다. 내 경험에서 도출된 공식으로는 풀리지 않는 복잡성이 있습니다.

성경만 읽어봐도 그렇지 않습니까? 검은 것은 글자이고, 흰 것은 종이라는 것 말고는 아무것도 깨닫는 바가 없을 때도 있습니다. '굳이 이런 내용까지 읽어야 할까?'라는 의문이 들기도 합니다. 내 상식으로는 도저히 용납되지 않는 내용들을 마주할 때면 괴롭기까지 합니다.

그러나 모든 것을 다 깨닫지 않아도 됩니다. 다 깨달을 수도 없지만 말입니다. 그래도 괜찮습니다. 다 이해하지 못해도 괜찮은 이유가 있기 때문입니다. **"보혜사 곧 아버지께서 내 이름으로 보내실 성령 그가 너희에게 모든 것을 가르치고 내가 너희에게 말한 모든 것을 생각나게 하시리라"**(요 14:26)

하나님을 믿는다는 것은 이해되지 않은 것을 이해되지 않은 채로 남겨 놓을 줄 아는 여유입니다. 중요한 퍼즐 조각이 하나님의 손에 들려 있다는 것을 신뢰하는 데서 비롯된 여유입니다. 하나님이 퍼즐을 맞추어 주실 때까지 빈자리를 남겨 놓을 줄 아는 지혜가 믿음인 것입니다.

우리는 때로 조급해서 퍼즐의 공백을 견디지 못합니다. 내가 찾은 비슷한 모양의 조각을 억지로 끼워 맞추곤 합니다. 그렇게 끼워 맞추다 보면 그림이 이상해지는 것입니다. 그래 놓고 그림이 이상한데도 자기 해석과 이해가 맞다고 스스로를 합리화하며 사는 게 우리입니다.

억지로 끼워 맞출 바에야 잊어버리고 사는 편이 나을지도 모르겠습니다. 베드로처럼 말입니다. 그러나 삶의 어느 순간에 성령께서 생각나게 해주실 것입니다. 발견하게 해주실 것입니다. 때로는 뒤늦게 아는 기쁨으로 인해 우리 삶이 더 풍성해집니다.

다 이해하지 못해도 괜찮은 이유,
이해되지 않은 채로 남겨 놓을 줄 아는 여유.

| 여지 2

개입하지 않으시는 하나님

이스라엘 자손의 세대 중에 아직 전쟁을 알지 못하는 자들에게 그것을 가르쳐 알게 하려 하사 남겨 두신 이방 민족들은
(삿 3:2)

아이가 학교에서 숙제를 받아옵니다. 무슨 숙제를 하고 있나 뒤에 가서 보면 부모에게는 답이 한눈에 다 보입니다. 답이 너무 뻔한데 아이는 그걸 낑낑대며 손가락과 발가락을 접었다 폈다 할 때가 있습니다.

그렇지만 부모가 답을 가르쳐 주지는 않습니다. 때로는 아이가 틀린 답을 적는 것을 보면서도 그냥 둡니다. 그 문제에 정답을 적는 것보다 더 중요한 것이 있기 때문입니다. 그것은 아이가 스스로 문제 해결 능력을 갖추는 것입니다. 아이를 진정으로 사랑하는 부모라면 사사건건 개입해서 답을 알려주지 않습니다.

이스라엘은 하나님으로부터 가나안 땅을 선물로 받았습니다. 그런데 막상 가나안 땅에 들어가 보니 해결해야 할 문제가 산더미였습니다. 가나안은 답안지가 아니라 문제지였던 것입니다. 하나님은 일부러 문제를 해결해 주지 않으셨습니다. 이스라엘 백성들은 하나님이 남겨 두신 문제에 답을 달아야 했습니다.

그것은 전쟁이었습니다. 스스로 치열하게 답을 찾아야 했습니다. 광야 생활을 마치고 이제 좀 편안하게 한곳에 정착해서 지내는가 싶었더니, 그들은 가나안 땅에 들어오자마자 전쟁을 치러야 했습니다.

신앙생활은 좋은 것만 보고 아름다운 것만 생각하는 우아하고 고상하기만 한 생활이 아닙니다. 세상이라는 전쟁터에서 치열하게 사는 것이 신앙생활입니다.

어떤 전쟁을 치르고 계십니까? 우리는 각자가 치르고 있는 전쟁이 다 다릅니다. 나름대로 씨름하고 있는 여러 종류의 문제들이 있습니다. 그리고 우리는 문제적 상황을 놓고 기도도 합니다. 하지만 하나님은 응답보다는 침묵으로 일관하실 때가 꽤 자주 있으시다는 것입니다. 무슨 의미일까요?

문제가 나에게 까다롭긴 해도 할 수 있다는 뜻입니다. 언제 개입하셔서 도와주실지는 하나님이 결정하시는 것입니다. 내가 할 일은 오답이라도 쓰는 것입니다. 만약 오답을 쓰는데도 하나님이 가만히 계신다면, 틀리는 경험이 나에게 필요하기 때문 아닐까요?

하나님은 답안지가 아니라
문제지를 주실 때가 있습니다.

| 여지 3

빈칸을 남기는 믿음

그의 인자하심은 영원히 끝났는가, 그의 약속하심도 영구히 폐하였는가
(시 77:8)

시편 77편을 지은 시인은 하나님을 의심하고 있습니다. 하나님이 선하시다는 것에 의구심이 생겼습니다. 하나님의 약속마저도 신뢰가 가지 않았습니다. 그의 믿음이 점점 약해진 것일까요?

아이가 사춘기를 거치며 어른의 면모를 갖추듯, 신앙생활에도 사춘기와 같은 시간이 필요합니다. 신앙생활 중에 의심은 성장통처럼 찾아온다는 것입니다. 의심은 믿음의 반대말이 아닙니다. 믿음이 가지고 있는 역동성입니다.

의심도, 질문도, 갈등도, 궁금한 것도 없는 믿음, 예쁘게 박제된 믿음은 맹신일 수 있습니다. 맹신은 하나님을 향한 절대적이고 확고한 믿음처럼 보이지만, 사실은 나 자신에 대한 확고한 믿음입니다. 내가 믿고 있다는 것 자체가 너무 중요해서 내 안에 자연스레 발생하는 의문과 갈등을 불안 요소로 간주하고는 싹을 잘라 버립니다.

바른 신앙이란 내가 믿는 대상에 대한 진지한 관심입니다. 관심은

질문을 불러일으킵니다. 관심이 없으면 질문도 없습니다. 따라서 맹신이란 하나님에 대한 무관심인 것입니다.

인간이 하나님을 이해하면 얼마나 이해할 수 있을까요? 무한한 하나님의 활동이 유한한 인간에게 납득이 되지 않고 이해가 되지 않는 것이 당연합니다. 먼지 같은 인간의 입장에서 영원하신 하나님의 섭리는 의구심 덩어리일 수밖에 없습니다.

"그의 인자하심은 영원히 끝났는가, 그의 약속하심도 영구히 폐하였는가" 시인의 이러한 반응은 무한자의 활동이 유한자에게 의심이라는 방법으로 포착된 것입니다. 시인은 의심의 여지를 포괄하는 하나님을 바라보고 있습니다.

신앙적인 질문을 마주할 때 주의해야 할 것이 하나 있습니다. 자문자답하지 않는 것입니다. 사람들이 왜 길을 잃을까요? 내가 답할 수 없는 질문에 내가 답을 하려다 길을 잃는 것입니다. 빈칸을 남겨둔 채 살아가다 보면 하나님이 직접 그 빈칸을 채우십니다.

질문을 질문으로 남겨 놓고, 의심을 의심으로 남겨둘 수 있는 것이 진정한 믿음입니다. 하나님이 채워주실 것이라는 믿음이 없으니까 내가 성급하게 결론을 내리고 오답을 정답이라고 철떡같이 믿는 것입니다.

| 여지 4

해석의 여지

네 성중에서 서로 피를 흘렸거나 다투었거나 구타하였거나 서로 간에 고소하여 네가 판결하기 어려운 일이 생기거든 너는 일어나 네 하나님 여호와께서 택하실 곳으로 올라가서 레위 사람 제사장과 당시 재판장에게 나아가서 물으라 그리하면 그들이 어떻게 판결할지를 네게 가르치리니
(신 17:8-9)

   인간 사회에는 늘 긴장과 갈등이 있습니다. 고소와 고발, 다툼과 충돌이 끊이지 않습니다. 이스라엘 공동체도 마찬가지였습니다. 율법이 명시되어 있지만 그것만으로 모든 상황을 해결할 수 있는 것은 아니었습니다. 율법이 아무리 세밀하고 촘촘해도 현실의 해상도를 따라올 수 없기 때문입니다. 현실에는 법으로 다 커버할 수 없는 영역이 있기 마련입니다. 성경은 이러한 문제를 전제하고 있습니다. 율법에 순종할 것을 요구하는 동시에, 율법의 적용이 애매한 경우가 있음을 인정합니다. 법과 법 사이에는 여지가 존재하고, 그 여지는 해석을 필요로 한다는 것입니다.

   하나님은 우리에게 두 가지를 주셨습니다. 원칙과 여지입니다. 원칙과 원칙 사이에는 여지가 존재합니다. 그곳은 비어 있습니다. 마치 원자와 원자 사이가 빈 공간인 것처럼 말입니다. 그러나 동시에 그곳은 비어 있지 않습니다. 힘이 작용하고 있습니다. 여지란, 원칙

의 힘이 작용하는 필드입니다. 우리에게 허락된 여지라는 것은 바로 그런 공간입니다. 우리는 해석의 여지 속을 살아갑니다. 법과 법 사이에서, 원칙과 원칙 사이에서, 명확한 해답이 주어지지 않은 채, 우리는 여지를 해석해야 하는 존재로 부름받았습니다. 하나님은 인간을 명령어에 의해 작동되는 기계로 만들지 않으시고, 끊임없이 사고하고 해석하는 존재로 지으셨습니다.

"네 성중에서 서로 피를 흘렸거나 다투었거나 구타하였거나 서로 간에 고소하여 네가 판결하기 어려운 일이 생기거든"(신 17:8)

이 상황에서 하나님이 직접 판결하셨다면 분명히 더 완벽했을 것입니다. 그러나 하나님은 이 영역을 인간에게 맡기셨습니다. 제사장과 재판장에게 맡기셨습니다. 모든 것을 직접 통제하지 않으시고 인간이 그 공백을 채우도록 하신 것, 이것은 섭리의 신비입니다. 그렇다면 우리가 해야 할 일은 무엇일까요? 신앙이란, 하나님의 원칙에 따라 그 빈 공간을 채우려는 몸부림입니다

"너희는 이 세대를 본받지 말고 오직 마음을 새롭게 함으로 변화를 받아 하나님의 선하시고 기뻐하시고 온전하신 뜻이 무엇인지 분별하도록 하라"(롬 12:2)

내 몫으로 남겨주신 여백에
어떤 그림이 어울릴까.

"믿음은 바라는 것들의 실상이요 보이지 않는 것들의 증거니"
(히 11:1)

3장
나는 도대체 무엇을 믿는 걸까

시작
방향
대상
본질
변질
기준

| 시작 1

신앙은 언제 생기는 것일까?

마리아가 요셉과 약혼하고 동거하기 전에 성령으로 잉태된 것이 나타났더니
(마 1:18)

　동거도 하기 전에 약혼녀가 임신했다는 사실을 알게 된 어느 남자가 그 사실을 초연하게 받아들일 수 있을까요? 관계를 정리하고 싶은 생각이 드는 것이 인지상정입니다. 꿈에 아무리 천사가 나타나서 설명한들, 개꿈이라고 생각하고 무시하면 그만일 텐데 요셉은 그 말이 믿어졌습니다. 남자와 잠자리를 같이하지 않았다는 마리아의 말도 믿어졌고, 현몽한 천사가 한 말도 믿어졌다는 것입니다.

　마리아가 성령으로 잉태한 것만 기적이 아닙니다. 요셉이 그 사실을 믿었다는 것 또한 굉장한 기적입니다. 정자의 도움 없이 수정과 착상이 일어났다는 것, 그리고 과학적 증거 자료의 도움 없이 믿음이 요셉의 마음에 착상되었다는 것, 이 두 가지 기적이 동시에 일어났습니다. 하나님께서는 마리아의 뱃속에는 생명을 주셨고, 요셉의 인생에는 믿음을 주신 것입니다. 요셉이 애써 믿은 것이 아닙니다. 믿어진 것입니다.

　이와 같이 믿음은 나로부터 비롯되지 않습니다. 전적으로 내 외부로부터 들어오는 것이고, 위에서 내려오는 것입니다. 내가 하나님을

믿는 것이 아니라 하나님이 나에게 믿음을 주시는 것입니다. 바로 이 부분이 신앙과 신념의 차이입니다. 내가 쌓아 올리는 것이 신념이라면 신앙은 하나님이 선물로 주시는 것입니다.

요셉의 신념은 무엇이었을까요? "요셉은 의로운 사람이라 그를 드러내지 아니하고 가만히 끊고자 하여"(마 1:19)

아무도 모르게 마리아와의 관계를 정리해야겠다고 먹은 마음, 이것이 요셉의 의지이자 신념이었습니다. 괜히 세상에 일을 알려서 좋을 게 없다고 믿는 것, 조용하게 처리하는 것이 마리아를 위한 마지막 남은 배려라고 생각하는 것, 이것이 신념입니다.

그런데 이 신념이 꺾인 것입니다. 그리고는 신앙이 생겼습니다. 신앙은 신념이 꺾인 자리에서 피어나는 꽃과 같습니다. 내가 평생 쌓아온 신념이 다 무너졌을 때, 그 자리에 다시 건축되는 새 집과 같습니다.

분명한 것은 신념이 꺾이는 경험 없이 신앙이 절대 시작되지 않는다는 사실입니다. 하나님은 신앙을 선물로 주시기 전에 항상 내 신념이 꺾이는 계기를 주십니다. 그렇게 내가 굳게 붙들고 있는 신념을 놓고 나면, 신앙이 나를 붙들기 시작합니다.

| 시작 2

보여주면 믿을까?

무리가 모였을 때에 예수께서 말씀하시되 이 세대는 악한 세대라 표적을 구하되 요나의 표적 밖에는 보일 표적이 없나니
(눅 11:29)

인간에게는 오감이라는 것이 있습니다. 시각, 후각, 청각, 촉각, 미각입니다. 이중에서 인간이 가장 많이 의존하는 감각은 시각입니다. 어떤 정보를 받아들이는 데 있어 인간의 시각 의존도는 80%를 넘는다고 합니다.

교통사고가 발생했을 때, 분쟁을 잠재우는 가장 중요한 증거물은 블랙박스나 CCTV 영상입니다. 사람은 눈으로 확인하면 사실이라고 인정하는 존재입니다. 법정에 제출하는 증거물들 중에서 가장 권위 있는 증거물이 영상이기도 합니다. 즉, 눈으로 확인 가능한 것은 곧 믿을 만하다는 것을 의미하기 때문입니다.

아기들은 엄마가 눈에 안 보이면 엄마가 없어졌다고 생각하고 웁니다. 우리는 아주 어렸을 때부터 시각을 통해 형성된 믿음을 가지고 살고 있다는 것입니다. 인간에게 있어서 눈으로 본다는 것, 그리고 눈에 보인다는 것, 그것은 단순한 인지적 감각 기능을 넘어서 우리에게 믿음을 제공합니다. 신앙을 제공한다는 것입니다.

많은 사람들이 이렇게 얘기하지 않습니까? "보여주면 믿겠다." 인류 공통의 신앙 고백입니다.

예수님 당시의 사람들도 마찬가지였습니다. 표적을 보여주면 믿겠다는 사람들, 그들 앞에서 작은 기적 하나 보여주는 것, 예수님께 어려운 일이 아니었을 텐데, 주님은 그 쉬운 것을 하지 않으십니다.

백문이불여일견(百聞而不如一見)이라는 말이 있긴 합니다. 백 번 듣는 것보다 한 번 보는 것이 훨씬 낫습니다. 그런데 백 번 말해도 안 듣는 사람에게 한 번 보여준다고 문제가 해결될까요? 들을 마음이 없는 사람에게는 백 번 보여줘도 소용이 없습니다.

"너희가 눈이 있어도 보지 못하며 귀가 있어도 듣지 못하느냐" (막 8:18)

보게 되면 믿음이 생기는 것이 아니라 믿으면 비로소 보게 되는 것이 영적인 원리입니다. 그리고 그 믿음은 들음으로부터 비롯됩니다.

"믿음은 들음에서 나며 들음은 그리스도의 말씀으로 말미암았느니라"(롬 10:17)

믿으면 비로소 보게 되는 것이 영적인 원리 입니다.

| 시작 3

너희가 택한 신들

가서 너희가 택한 신들에게 부르짖어 너희가 환난 때에 그들이 너희를 구원하게 하라
(삿 10:14)

　인간이 순수하게 무신론자가 될 수 있을까요? 완벽한 무신론을 받아들이는 것은 생각보다 쉽지 않습니다. 자신의 존재 이유를 스스로 만들어야 하고, 선과 악의 모든 디테일을 본인이 결정해야 합니다. 도덕과 윤리를 인간 스스로가 만들어야 하는데, 신이 존재하지 않으며 우주가 우연의 산물이라면 인신매매가 수산물매매보다 악하다고 말할 수 있는 근거를 찾을 길이 없습니다.

　신이 없는 자리는 무(無)로 남아 있지 않습니다. 거기에는 결국 또 다른 신이 들어섭니다. 신을 부정한다는 것은 그저 신이 없다는 얘기를 하는 것이 아니라, 그 자리에 다른 것을 놓았다는 뜻입니다. 인간은 신이 없는 자리에 자신이 중요하다고 여기는 무언가를 가져다 놓습니다. 과학, 이성, 논리, 돈, 권력, 명예, 인기, 이념, 신념 등이 모든 것들이 다 신 대체제입니다. 신이 없다는 논리의 신격화, 이것이 무신론입니다. 따라서 무신론은 자기 수준의 신에 대한 이야기라고 할 수 있습니다.

　이스라엘 백성들은 하나님을 제거한 자리에 자기 수준의 신을 갖

다 놓았습니다. 그런 그들에게 하나님은 "너희가 선택한 신들에게 부르짖어 보아라"고 말씀하십니다. 한 번 해보라고 하십니다. 그 길 끝에 무엇이 있는지 직접 가서 보라는 것입니다. 거기에 과연 구원이 있을까요? 결국 인간은 스스로를 구원해야 하는 막다른 길에 다다르고 맙니다. 위버멘쉬(Übermensch)와 같은 초인이 되든가, 이데올로기에 자신을 맡겨야 합니다.

그런데 위버멘쉬를 이야기한 니체는 위버멘쉬가 되었습니까? 인류 역사에 등장한 이데올로기들은 과연 이 세상을 유토피아로 변화시켰습니까? 이스라엘은 자신들이 택한 신들에게 부르짖어 보았지만 아무런 응답도 듣지 못했습니다. 인간이 신을 선택하는 방식에는 구원이 없다는 것입니다.

성경은 구원이란 신이 인간을 선택하는 사건임을 일관되게 증언합니다. 하나님이 인간을 부르시고 찾아오시는 것이 참된 구원의 시작입니다. 갈대아 우르의 아브라함에게 하나님은 먼저 찾아가셨습니다. 떨기나무 가운데서 하나님은 모세를 부르셨습니다. 다메섹으로 가는 길에 바울은 자신에게 찾아오신 예수님을 만났습니다.

> "너희가 나를 택한 것이 아니요
> 내가 너희를 택하여 세웠나니"
> (요 15:16)

| 방향 1

몰라서 하는 소리

하나님의 사람의 사환이 일찍이 일어나서 나가보니 군사와 말과 병거가 성읍을 에워쌌는지라 그의 사환이 엘리사에게 말하되 아아, 내 주여 우리가 어찌하리이까 하니 대답하되 두려워하지 말라 우리와 함께 한 자가 그들과 함께 한 자보다 많으니라
(왕하 6:15-16)

사람은 자신이 접한 정보로 자신의 세계를 구성합니다. 우리는 모두 같은 하늘 아래 살아간다고 믿지만, 실은 각자의 지식과 경험, 각자가 해석한 정보들로 구성된 전혀 다른 세계 속에 삽니다. 인류는 상당히 오랜 기간 동안 평평한 지구 위에서 살았습니다. 심지어 지금도 평평한 지구 위를 사는 사람들이 있습니다. 엘리사와 그 사환도 같은 공간에 있었지만 마치 다른 곳에 있는 듯했습니다.

"하나님의 사람의 사환이 일찍이 일어나서 나가보니 군사와 말과 병거가 성읍을 에워쌌는지라 그의 사환이 엘리사에게 말하되 아아, 내 주여 우리가 어찌하리이까 하니 대답하되 두려워하지 말라 우리와 함께 한 자가 그들과 함께 한 자보다 많으니라"(왕하 6:15-16)

엘리사의 사환은 왜 불안했을까요? 엘리사가 알고 있는 것을 그는 몰랐기 때문입니다. "아아, 내 주여 우리가 어찌하리이까" 사환이 한 이 말은 몰라서 하는 소리였습니다. 엘리사가 평안했던 이유

는 간단합니다. 그의 사환이 모르고 있는 것을 그는 알고 있었기 때문입니다. "우리와 함께 한 자가 그들과 함께한 자보다 많다"는 것을 엘리사는 알고 있었습니다.

 믿음이 좋다는 것은 무엇일까요? 믿음이라는 것, 대단하고 거창한 것이 아닌지도 모릅니다. 몇 가지를 아느냐 모르느냐의 차이에서 비롯되는 것이 믿음입니다. 다 알 수 없기에 믿는다고도 말할 수 있겠지만, 아는 만큼 믿게 되기도 합니다. 전도가 왜 필요할까요? 선교가 왜 필요할까요? 사람들이 모르기 때문입니다. 인간은 알지도 못하는 것을 믿을 수 없기에, 그리스도의 십자가와 부활을 알리는 것입니다.

 내가 아는 만큼이 내 세상입니다. 바울이 왜 "그리스도 예수를 아는 지식이 가장 고상하다"라고 고백했겠습니까? 예수님을 알고 나서 세상이 달라졌기 때문입니다. 예수님은 "진리를 '알지니' 진리가 너희를 자유롭게 하리라"고 말씀하셨습니다.

 그래서 우리는 제대로 알아야 합니다. 오늘날 정보가 넘쳐나지만 그 어느 때보다 진실에 이르기 어려운 시대입니다. 정보의 과잉 속에 진실의 결핍이 깊어져 갑니다. 우리는 더 많이 아는 것보다 제대로 아는 것이 절실한 시대를 살고 있습니다.

 성경은 "무턱대고 믿으라"고 말하는 책이 아닙니다. 만약 그렇다면 한 페이지로 충분했을 것입니다. 성경은 우리의 눈을 열어, 본다고 착각하며 지나쳐왔던 것들을 보게 만듭니다. 그리고 안다는 교만 때문에 모르고 살았던 세상을 제대로 알게 합니다.

"우리가 다 하나님의 아들을 믿는 것과 아는 일에 하나가 되어 온전한 사람을 이루어 그리스도의 장성한 분량이 충만한 데까지 이르리니"(엡 4:13)

몰라도 되는 것이 있습니다.
그러나 반드시 알아야 하는 것이 있습니다.
그리스도를 아는 지식입니다.

| 방향 2

눈을 감으면 보이는 세계

여호와께서 호렙 산 불길 중에서 너희에게 말씀하시던 날에 너희가 어떤 형상도 보지 못하였은즉 너희는 깊이 삼가라
(신 4:15)

'백문이 불여일견'이라는 말이 있습니다. 백 번 듣는 것보다 한 번 보는 것이 낫다는 뜻입니다. 인간의 인지 능력은 굉장히 시각 중심적입니다. 차량마다 블랙박스를 장착하는 이유도 여기에 있습니다. 교통사고 발생 시에 증언 백 마디보다 눈으로 확인할 수 있는 10초짜리 영상이 훨씬 신뢰를 줍니다.

인간에게 있어서 '눈에 보이는 것'은 단순한 인지와 인식의 대상을 넘어 모종의 권위를 행사합니다. 믿음과 신앙을 제공한다는 것입니다. '보여주면 믿겠다.' '봤으니 믿을 수 있다.' 이것은 인류 보편의 신앙 고백 아닌가요? 그래서 눈에 보이지 않는 하나님을 믿는다는 것에는 전혀 다른 종류의 믿음이 필요하다고 할 수 있습니다.

신명기 4장에서 모세가 말하는 대상은 출애굽 2세대입니다. 그들은 광야 노상에서 태어났습니다. 이집트 전역에 내렸던 어마어마한 재앙을 경험해 보지도 못했고 홍해를 건너본 적도 없습니다. 태어나 보니 광야였고, 만나와 구름기둥과 불기둥은 젖을 떼기도 전부

터 봐 왔던 당연한 것이었습니다. 그나마 출애굽의 감격에 대해 얘기해 주던 부모들이 있었는데, 그 부모들마저도 광야에서 다 죽었고 이제는 그들 스스로가 가나안 땅을 눈앞에 두고 홀로서기 해야 할 때가 되었습니다.

그들이 가나안 땅에 들어가면 온갖 신들의 형상이 즐비한 장면을 보게 될 것입니다. 시선이 빼앗기면 마음도 빼앗기기 마련입니다. 눈에 보이는 것이 전부라고 착각하며 믿는 위기를 맞닥뜨릴 것입니다. 눈에 보이지 않는 하나님보다, 당장 눈앞에 존재하는 것 같은 우상을 진짜 신이라고 착각할 수 있습니다. 그래서 모세는 십계명 제2계명의 이야기를 유독 강조하고 있는 것입니다.

우리는 인간인지라 눈에 보이는 것을 믿고 싶어 하고, 눈에 안 보이는 하나님을 형상화하고 싶어 합니다. 내가 파악하기 쉬운 하나님으로 변경해서 믿는 것이 편하기 때문입니다. 그러나 하나님은 그 어떤 것으로도 하나님 당신을 형상화해서는 안 된다고 말씀하십니다. 하나님은 인간에 의해서 파악되는 분이 아니기 때문입니다. 기독교 신앙은 '보여주면 믿겠다'에서 '믿었더니 보인다'로의 전환입니다. 보이지 않으면 못 견디는 유아기적 분리 불안과의 결별이고, 눈을 감아야 비로소 보이는 새로운 세계에 눈을 뜨는 것입니다.

너는 나를 본 고로 믿느냐
보지 못하고 믿는 자들은 복되도다 하시니라

| 방향 3

종교라는 착각

가서 내 종 다윗에게 말하기를 여호와께서 이와 같이 말씀하시되 네가 나를 위하여 내가 살 집을 건축하겠느냐
(삼하 7:5)

부모에게 종종 이런 이야기를 하는 아이들이 있습니다. "엄마, 나 나중에 돈 많이 벌어서 내가 집도 사주고 차도 사줄게." 성인이 된 아이에게 "엄마가 그거 하나 기대하고 지금까지 기다렸다." 이렇게 말하는 부모가 있을까요? 사실 어린아이가 그런 말을 할 때 이미 부모는 집보다 더 큰 선물을 받았다고 느낍니다. 그리고는 이런 생각을 하지 않겠습니까? '내가 네 집을 사주는 게 빠르겠다.'

다윗이 하나님께 집을 지어 드리겠다고 하자, 하나님이 오히려 "내가 너의 집을 짓겠다"고 하십니다. "내가 언제 내가 거할 집을 지어 달라고 한 적이 있느냐? 네가 내 집을 짓는 대신에, 내가 너의 집을 지어 주겠다." 이것이 하나님의 집을 짓겠다던 다윗에게 하나님이 주신 언약이었습니다.

종교에 있어서 굉장히 중요한 것이 있습니다. 바로 신전입니다. 종교에서 신전은 곧 신의 존재감입니다. 신전의 크기와 모양새가 신의 위엄과 능력을 보여 주는 것입니다. 그런데 하나님은 신전을 거부

하셨습니다. 화려한 백향목 궁보다 다윗이 임시로 만들어 놓은 텐트가 더 좋다고 하십니다.

아모스서 9장 11절에 이런 구절이 있습니다. "그날이 오면, 내가 무너진 다윗의 초막을 일으키고, 그 터진 울타리를 고치면서 그 허물어진 것들을 일으켜 세워서, 그 집을 옛날과 같이 다시 지어 놓겠다." 하나님이 회복하고 싶으신 것은 솔로몬의 성전이 아니라 다윗의 장막이었습니다. 비록 누추하지만, 그곳에서 나누었던 인격적 교제와 친밀함을 하나님이 추억하고 계시는 것입니다.

종교란 착각입니다. 인간이 신을 위해 무언가 할 수 있다는 착각입니다. 그래서 신을 위해 조그만 일이라도 하고 나서는 생색내기 일쑤인 것입니다. 신앙은 그 착각에서 벗어나는 길입니다. 그저 하나님이 나를 위해 하신 일을 용납하고 받아들이는 것, 베푸신 은혜에 감사하고 감격하는 것 말고는 할 수 있는 일이 없다고 느끼는 것이 신앙입니다. 인간이 신을 위해 신전을 짓는 것이 아니라, 하나님이 내 인생을 그분의 성전으로 지으시는 일에 믿음으로 반응하는 것입니다.

나는 착각 속에 살고 있는지, 믿음으로 살고 있는지 생각해 봅니다.

| 방향 4

신앙과 착각 사이

네가 가서 그 땅을 차지함은 네 공의로 말미암음도 아니며 네 마음이 정직함으로 말미암음도 아니요 이 민족들이 악함으로 말미암아 네 하나님 여호와께서 그들을 네 앞에서 쫓아내심이라 여호와께서 이같이 하심은 네 조상 아브라함과 이삭과 야곱에게 하신 맹세를 이루려 하심이니라
(신 9:5)

 인간은 착각하는 존재입니다. 어떤 사물이나 사실을 실제와 다르게 잘못 느끼거나 지각할 때가 많습니다. 상대방이 잠시 베푼 친절에 나를 좋아한다고 착각하기도 하고, 나 때문에 화가 난 것이 아닌데 그의 어두운 안색을 보고 "나 때문인가?"라는 생각이 들기도 합니다.

 착각은 인간이 자기중심적이라는 방증이기도 합니다. 인간은 그리 이성적이거나 합리적인 존재가 아닙니다. 합리적인 것을 좋아하는 것처럼 보이지만, 합리화하는 것을 더 좋아합니다. 남에게 할 소리, 못 할 소리 다 해 놓고 "나는 정직하니까"라고 한다든가, "나는 틀린 말은 안 해"라고 합니다. 이런 경우는 무례함을 솔직함으로 착각한 것입니다.

 "네가 가서 그 땅을 차지함은 네 공의로 말미암음도 아니며 네 마

나는 도대체 무엇을 믿는 걸까?

음이 정직함으로 말미암음도 아니요 이 민족들이 악함으로 말미암아 네 하나님 여호와께서 그들을 네 앞에서 쫓아내심이라 여호와께서 이같이 하심은 네 조상 아브라함과 이삭과 야곱에게 하신 맹세를 이루려 하심이니라"(신 9:5)

하나님이 베푸시는 호의를 권리라고 착각하지 말라는 것입니다. 신앙의 길 옆에는 언제나 착각의 길이 있습니다. 좁은 길이기 때문에 발을 조금만 잘못 딛어도 여지없이 착각의 길입니다. 레인을 신경 쓰지 않고 나도 모르게 옆 레인으로 질주하다가 결승선을 통과하고서도 경주에서 탈락하는 경우도 있지 않겠습니까?

내가 옳다는 착각, 내가 겸손하다는 착각, 정직하다는 착각, 의롭다는 착각, 자격이 있다는 착각, 내가 했다는 착각, 영원히 살 것 같은 착각 등 이 모든 것이 신앙의 길 바로 옆에 붙어 있는 길입니다. 방향이 완전히 다르면 금방 알아차리기라도 할 텐데, 착각의 길은 방향마저도 비슷합니다.

"어떤 길은 사람이 보기에 바르나 필경은 사망의 길이니라"(잠 14:12)

"주께서 생명의 길을 내게 보이시리니 주의 앞에는 충만한 기쁨이 있고 주의 오른쪽에는 영원한 즐거움이 있나이다"(시 16:11)

주께서 보이신 생명의 길이란, 자기를 부인하고 자기 십자가를 지고 예수님을 따라가는 길입니다. 내가 죄인이라는 것을 매 순간 인식하며 가는 길입니다. 그런 죄인을 구원하신 하나님의 은혜로 사는 삶입니다.

 예수 믿는다고 더 나은 사람이 되지는 않습니다. 내가 죄인 중의 괴수라는 것을 발견할 뿐입니다. 타인의 티만 보고 살던 사람이 자기 눈에는 들보가 있었다는 것을 알게 되는 것이 신앙입니다.

착각은 넓은 길입니다.
신앙은 좁은 길입니다.

| 대상 1

되물을 수 있는 믿음

너희는 마음에 근심하지 말라 하나님을 믿으니 또 나를 믿으라
(요 14:1)

'근심하지 말아야지' 한다고 근심이 사라지지 않습니다. 근심하고 싶은 사람이 누가 있겠습니까? 염려와 걱정으로 살고 싶은 사람은 없습니다. 안 하고 싶은데 하게 되는 것이 근심입니다. 내 마음대로 되지 않는다는 것입니다.

근심 없는 사람들의 특징이 있습니다. 믿는 구석이 있다는 것입니다. 신뢰할 수 있는 대상이 생겼을 때, 자연스럽게 해결되는 것이 근심입니다. 믿음이 근심을 해결합니다.

마트에 가는 사람은 마트가 무너지지 않을 것이라는 믿음이 있습니다. 그래서 안심하고 장을 봅니다. 운전하는 사람은 반대편 차량이 중앙선을 넘지 않을 것이라는 믿음이 있습니다. 그 믿음이 없이는 절대 차를 가지고 도로에 나갈 수 없습니다. 병원에서 주사를 맞을 때, 주사기 내용물이 제대로 된 것이라고 믿기 때문에 우리는 안심하고 주사를 맞습니다. 거리에서 마주치는 수많은 사람이 나를 해치지 않을 것이라는 믿음이 있으니까 마음 놓고 거리에 나갑니다.

세상 전체를 믿음이 지탱하고 있습니다. 믿음의 영역이 아닌 것이 없습니다. 믿음이란 단순히 종교적인 영역에 국한된 개념이 아닙니다. 이 믿음이 없으면 개인적으로는 공황 장애가 옵니다. 사회적으로는 대공황이 발생합니다.

기독교 신앙에서 '믿음이 있는가? 없는가?'는 중요하지 않습니다. 누구든 믿음을 갖고 살기 때문입니다. 믿음이 없는 사람은 없습니다. 기독교 신앙에서 믿음의 여부보다 더 중요한 것은 '믿음의 대상'입니다. '무엇을 믿는가?', '누구를 믿는가?' 하는 문제입니다.

"하나님을 믿으니 또 나를 믿으라"(요14:1)

그런데 내가 믿는 하나님이, 내가 믿는 예수님이 나를 불안과 근심 속에 두실 때가 있습니다. 우리의 믿음이 맹신이나 미신이기를 원치 않는다는 뜻이 아닐까요? 믿음의 대상이 하나님이라는 것은 우리가 가진 믿음에 대해 되물을 수 있는 힘이기도 합니다.

예수님의 말씀을 듣던 제자들은 근심이 되었습니다. 그래서 이것저것 예수님께 많이 물어봅니다. 예수님은 제자들의 질문을 책망하지 않으셨습니다. 오히려 되묻는 제자들의 불안과 의문에 이어, 더 깊은 진리를 드러내십니다.

"예수께서 이르시되 내가 곧 길이요 진리요 생명이니 나로 말미암지 않고는 아버지께로 올 자가 없느니라"(요 14:6)

| 대상 2

하나님이 없다 하도다

어리석은 자는 그의 마음에 이르기를 하나님이 없다 하도다
(시 53:1)

하나님이 없다고 하는 사람들이 있습니다. 반대로 하나님이 있다고 하는 사람들도 있습니다. 그런데 하나님은 없다고 우겨서 없는 존재도 아니고, 있다고 인정하기 때문에 있는 존재도 아닙니다. 하나님은 당신 스스로가 자신의 존재에 대해 이렇게 말씀하셨습니다. **"하나님이 모세에게 이르시되 나는 스스로 있는 자이니라 또 이르시되 너는 이스라엘 자손에게 이같이 이르기를 스스로 있는 자가 나를 너희에게 보내셨다 하라"**(출 3:14)

하나님은 증거에 의존하지 않으시고, 모순에 얽매이지 않으십니다. 하나님이 없다고 우기는 것도 어리석은 일이지만, 인간의 논리 위에 하나님의 존재를 올려두고, 하나님의 존재를 증명하며, 그렇게 증명된 신을 하나님이라 부르는 것도 아론의 송아지를 만드는 것과 같은 어리석은 일입니다.

그분은 파악되는 분이 아니며, 파악하시는 분입니다. 인간이 도달할 수 있는 분이 아니며, 오직 그분이 인간을 찾아서 다가오실 뿐입니다. 어떤 비유나 상징으로도 정의가 불가능한 분이며, 오히려 모

든 존재를 정의하시는 분입니다.

　하나님은 부재에 대립되어 임재하시거나 무(無)에 대립되어 존재하시는 분이 아닙니다. 하나님은 그 안에 존재와 비존재가, 임재와 부재가 통합되어 있습니다. 그래서 우리는 하나님으로 충만한 상태를 하나님에 대한 갈증으로 느끼기도 하는 것입니다.

　하나님은 이 땅의 지혜를 가지고 인식 가능한 존재가 아니며, 모든 것이 하나님의 인식 속에 존재할 뿐입니다. 그분의 존재는 인간의 변증을 필요로 하지 않으시며, 도리어 그분의 존재가 우리를 변호하십니다.

나는 스스로 있는 자이니라

| 본질 1

우상 숭배가 매력적인 이유

사람들이 주머니에서 금을 쏟아 내며 은을 저울에 달아 도금장이에게 주고 그것으로 신을 만들게 하고 그것에게 엎드려 경배하며 그것을 들어 어깨에 메어다가 그의 처소에 두면 그것이 서 있고 거기에서 능히 움직이지 못하며 그에게 부르짖어도 능히 응답하지 못하며 고난에서 구하여 내지도 못하느니라
(사 46:6-7)

자기 주머니에서 나온 금과 은으로 만든 우상입니다. 도금장이가 제작한 신상은 발이 있어도 움직이지 못하고 손이 있어도 아무 능력이 없습니다. 그런데 왜 사람들은 그런 무능한 신상을 향해 절을 하고 신처럼 떠받드는 걸까요? 도대체 어떤 부분이 사람들의 마음을 빼앗는 매력 포인트일까요?

결혼을 하고 보니 내가 사랑해서 결혼한 사람과도 심하게 다툴 일이 생긴다는 것, 그리고 상대를 이해하기까지 굉장히 많은 시간과 에너지가 들어간다는 것을 알게 되었습니다. 눈에 넣어도 아프지 않을 자녀와의 관계도 마찬가지입니다.

인격을 가진 존재와 관계를 맺는다는 것은 그런 것 같습니다. 내가 손해 보고 내가 양보하고 상대의 입장을 헤아리고 참고 기다리며 나를 부인하는 몸부림이 없으면 나와 다른 인격체와 좋은 관계

를 유지하는 것이 어렵습니다. 내가 하고 싶은 대로 다 할 수 없고, 해서도 안 되는 불편함은 인격체와의 관계 형성 과정에 반드시 동반되어야 하는 수고입니다.

신이 아닌 줄 알면서도 신상을 만들고 그걸 신이라고 믿는 마음 깊은 곳에는 인격적이신 하나님과 관계를 맺을 때 필연적으로 겪어야 하는 불편함을 감수하고 싶지 않은 심리가 깔려 있습니다. 희생과 자기 부인이 싫은 겁니다.

인간은 신조차도 내 마음대로 좌지우지하고 싶어합니다. '그것을 들어 어깨에 메어다가 그의 처소에 두면 그것이 서 있고 거기에서 능히 움직이지 못하는'(7절) 그런 신은 전혀 쓸모없는 것 같지만 사실은 인간이 가장 원하는 신입니다. 인간이 원하는 신은 천지를 창조하고 역사를 주관하며 우리의 삶에 개입하고 간섭해 들어오는 신이 아니라, 내가 신이 된 것처럼 느끼게 만들어 주는 신입니다. 솔직히 우리는 신이 되고 싶지, 신을 섬기고 싶지 않습니다. 아담과 하와가 '하나님처럼 될 수 있다'는 말 한마디에 선악과를 먹었다는 것을 기억할 필요가 있습니다.

세상에서 가장 큰 우상은 자기 자신입니다. 우상 숭배의 본질은 자기 숭배입니다. 자기 숭배의 결과 자기밖에 모르는 사람이 되고, 이기적인 사람이 되는 것입니다. 자기밖에 모르는 것, 인간이 하나님과 가장 멀리 떨어진 상태입니다. 지옥이 따로 없습니다. 자기밖에 모르는 사람들이 자기를 숭배하도록 만들어 가는 세상이 지옥의 축소판입니다.

| 본질 2

귀신의 신앙고백

지극히 높으신 하나님의 아들 예수여
(눅 8:28a)

거라사 지방으로 건너가신 예수님을 알아본 한 사람이 있었습니다. 그 사람은 다름 아닌 귀신들린 자였습니다. 더 정확히 말하면, 귀신이 예수님을 알아본 것입니다.

귀신의 반응은 참 놀랍습니다. "지극히 높으신 하나님의 아들 예수여" 이 고백은 베드로의 "주는 살아계신 하나님의 아들입니다"라는 고백과 매우 흡사합니다.

더욱 놀라운 점은 이 일이 베드로의 고백 이전에 일어난 사건이라는 것입니다. 예수님께서 하나님의 아들이라는 사실이 귀신을 통해 가장 먼저 고백되었습니다. 귀신은 예수님이 누구신지 정확히 알고 있었습니다.

그러나 예수님이 누구신지 아무리 잘 알고 있다고 해도, 그 앎이 나와 무관하다면 그것은 단지 정보일 뿐입니다. 귀신은 이렇게 말합니다. **"당신과 나 사이에 무슨 상관이 있습니까?"**(눅 8:28b) 예수님에 대해 정확히 알고 있었지만, 그 사실이 자신과 아무 상관이 없었습니다.

하나님에 대한 올바른 지식만큼이나 중요한 것은 하나님과의 인격적 관계입니다. 매일 하나님과 친밀함을 누리지 못한다면, 내가 아는 하나님은 그저 여러 신들 중 하나에 불과할 수 있습니다. 예수 그리스도 안에 있는 구원의 능력과 회복의 능력이 나와 아무런 상관이 없을 수 있습니다.

하나님이 누구인지는 아는데 하나님과 상관 없기를 바라는 것, 이것은 귀신의 신앙 고백이었습니다. 앎은 있지만 관계가 없는 삶의 극단에 귀신들림이 있는 것입니다. 하나님에 대한 풍부한 지식이 타인을 정죄하고 판단하는 데 사용되고 있다면, 그것은 귀신의 신앙 고백이 열매를 맺는 과정인지도 모르겠습니다.

하나님에 대한 지식이 풍부한 것과 그 하나님을 내 삶의 주인으로 모시는 것은 다릅니다. 하나님을 잘 알아도 하나님이 내 삶의 주인이 아닐 수 있습니다. 귀신이 내 삶의 주인일 수 있습니다. 많이 알지는 못하지만, 한 구절이라도 그 말씀대로 살기 위해 몸부림칠 때, 말씀이신 주님과 인격적인 관계가 형성되기 시작합니다.

"우리가 다 하나님의 아들을 믿는 것과 아는 일에 하나가 되어 온전한 사람을 이루어 그리스도의 장성한 분량이 충만한 데까지 이르리니"(엡 4:13)

| 본질 3

나만 섬기라는 하나님, 속이 좁으신걸까?

너희는 자기를 위하여 우상을 만들지 말지니 조각한 것이나 주상을 세우지 말며 너희 땅에 조각한 석상을 세우고 그에게 경배하지 말라 나는 너희의 하나님 여호와임이니라 (레 26:1)

하나님이 인간에게 자꾸 '섬기라', '드리라', '지키라' 하시는 것은 무언가가 부족하기 때문일까요? 하나님의 규례와 계명을 인간이 잘 지키면 하나님께 어떤 유익이 있을까요? 하나님은 무언가가 부족하고 필요해서 인간에게 요구하시는 분이 아닙니다.

'나 외에는 다른 신들을 섬기지 말라'고 하시는 것은 하나님이 속이 좁아서가 아니라 하나님을 경외하는 것이 인간에게 유익하기 때문입니다.

인간은 늘 한계 속에 살기 때문에 무언가를 믿고 의지하고 선망하게 되어 있습니다. 돈을 의지하거나, 힘을 믿거나, 영특한 사람을 믿거나, 명예를 섬기거나, 사상과 이념을 좇거나, 과학을 신봉하거나, 아니면 자기 자신을 믿고 살거나 합니다. 좀 더 나아가서는 그 모든 대상들을 신격화하기도 합니다. 고대인들이 태양, 물, 대지, 고목, 바위 등을 신격화했던 것과 별반 다르지 않습니다. 이 중에 가장 믿을 만한 것은 무엇일까요?

문제는 인간의 자기중심적 본성입니다. 인간이 신이라고 부르는 것들이 사실은 신이 아니라 인간 자기중심성의 투사라는 것입니다. 이기적 유전자가 완벽하게 발현된 상태, 그것이 바로 '만들어진 신', '신이라는 망상'입니다. 즉, 종교란 신을 이용해서 나를 극대화하고 무한 성장시키겠다는 욕망이라고 할 수 있습니다. 단지 고상하게 포장되어 있을 뿐입니다. 이것은 종교인이 자기 정당화의 끝판왕이 되는 이유이기도 합니다.

인간은 하나님을 섬기면서, 인간 자신이 만들어 놓은 신이라는 망상으로부터 벗어납니다. 좀 더 정확하게는 나밖에 모르던 내가 나로부터 풀려서 나의 바깥으로 걸어 나오게 되는 것입니다. 이것을 예수님은 '자기 부인'이라고 하셨습니다.

자기밖에 모르는 인간끼리 모인 곳은 지옥과 다를 바가 없습니다. 반대로 자기 밖을 살필 줄 아는 사람들끼리 살면 천국입니다.

신앙을 갖는다는 것은 예수님을 따라 자기 부인의 길을 걸어가는 것입니다. 그 길 끝에는 천국이 있습니다. 그 길을 걷는 동안에도 천국입니다. 이것이 예수님 믿으면 천국 간다는 의미입니다. '섬기라', '드리라', '지키라'는 것은 천국 잔치에 와 보라는 천국 주인의 스스로에게 빠져 있지 말고, 자기 밖으로 빠져 나오라는 부르심입니다.

| 본질 4

나무 상자 속 하나님

다윗이 이스라엘 온 무리를 예루살렘으로 모으고 여호와의 궤를 그 마련한 곳으로 메어 올리고자 하여
(대상 15:3)

하나님은 언약궤와 상관없이 임재하시고, 일하실 수 있는 분입니다. 언약궤에 묶여 있는 분이 아닙니다. 하나님은 하늘의 하늘도 감당할 수 없고, 공간에도, 시간에도 제약을 받지 않으십니다.

그런데 다윗은 언약궤 없이는 하나님의 임재도 없는 것처럼 언약궤를 대합니다. 마치 하나님께서 그 나무 궤짝 안에 실제로 머물고 계신 것처럼 여겨질 정도입니다. 다윗은 왜 그토록 언약궤를 예루살렘으로 모셔오려 했을까요?

하나님이 언약궤에 자신을 묶어 놓은 듯한 방식으로 인간에게 나타나셨기 때문입니다. 하나님은 일부러 하나님의 영이 나무 상자에 깃들어 있는 것처럼 활동하셨습니다. 우리를 위해서 그렇게 하셨습니다. 그 방법이 아니고서는 인간이 하나님을 알 수 있는 길이 없습니다. 시간과 공간 안에 사는 존재가 무슨 수로 시공간을 초월한 하나님을 인지할 수 있을까요?

하나님이 스스로 낮추신 것입니다. 무한하신 하나님이 유한해지

셨습니다. 인간이 감당할 수 있는 수준으로, 인간과 만남이 가능한 방식으로 자신을 제한하셨습니다. 언약궤라는 나무 궤짝에 웅크려 계시기로 결정하신 것입니다. 이것이 바로 하나님의 겸손입니다.

하나님의 겸손을 인간이 오해하기도 했습니다. 엘리 제사장 시대에 사람들은 언약궤를 가지면 하나님을 소유한 것으로 착각했습니다. 그러나 하나님은 인간이 소유할 수 있는 존재가 아닙니다. 도리어 우리가 그분의 소유일 뿐입니다.

언약궤는 상징입니다. 상징은 이중성을 가집니다. 상징 안에는 하나님의 존재와 부재가 언제나 중첩되어 있습니다. 그래서 하나님을 '운반 가능한 무언가'처럼 다루게 되는 순간, 하나님은 더 이상 그곳에 계시지 않습니다. 반면, 상징 따위가 하나님을 담아낼 수 없다는 것을 인정하는 동안, 우리는 그 상징을 통해 하나님의 현현을 마주하게 됩니다. 하나님은 모든 것을 넘어 완벽하게 초월해 계시지만, 동시에 그분은 나무 상자 앞에서 인간을 만나시기를 원하셨습니다. **"거기서 내가 너와 만나고"(출 25:22)**

하나님을 우리 이해의 틀 안에 담지 않으면 신앙 자체가 불가능합니다. 그 틀이 예배 형식이기도 하고, 교회의 전통이기도 하며, 신학적 체계이기도 합니다. 성례전, 십자가, 하나님에 대한 칭호도 일종의 틀입니다. 이 모든 것은 유한한 인간이 무한한 하나님을 조금이나마 포착할 수 있는 방식입니다. 그러나 그런 상징 자체를 신격화하고 절대화하는 순간, 우리는 하나님을 알 수 없게 됩니다. 하나님을 잘못 알고 잘못 믿게 됩니다.

| 변질 1

이성의 칼날로 할례를 행하다

무릇 표면적 유대인이 유대인이 아니요 표면적 육신의 할례가 할례가 아니니라 오직 이면적 유대인이 유대인이며 할례는 마음에 할지니 영에 있고 율법 조문에 있지 아니한 것이라 그 칭찬이 사람에게서가 아니요 다만 하나님에게서니라
(롬 2:28-29)

　내면이 중요하다는 것을 모르는 사람은 없을 것입니다. 그런데 내면의 상태를 누가, 무슨 수로, 무슨 자격으로 측정하고 판단할 수 있을까요? 내면적 변화는 표면적 변화보다 측량이 어렵고 까다롭습니다. 내면은 말 그대로 안쪽 면이라서 잘 보이지 않는다는 것이 문제입니다. 모호한 면이 반드시 있습니다.

　그래서 외면을 가꾸는 것이 훨씬 수월합니다. 내면의 동기를 가다듬기보다 겉으로 드러나는 행위에 신경을 쓰는 편이 명쾌하고 명확합니다. 애매모호한 것보다 확실한 것이 아무래도 좋지 않습니까? 규범이나 법은 양심이나 도덕보다 명확합니다. 논란의 여지가 훨씬 적습니다. 기준만 치밀하게 정해 놓으면, 그 기준에 의해 모든 것을 간편하게 판단할 수 있습니다.

　명쾌하다는 것이 율법주의의 힘입니다. 율법에는 언행의 사소한 부분까지 적용할 수 있는 지침이 마련되어 있습니다. 예를 들어,

'안식일을 거룩하게 지키라'보다는 '안식일에는 2미터 이상 물건을 옮기지 말 것'이라는 규정이 더 명쾌합니다. 받았는지 안 받았는지도 알기 힘든 마음의 할례보다는 육신의 할례가 아무래도 확실합니다.

출애굽한 이스라엘 백성들이 왜 금송아지를 만들었을까요? 믿기 쉬운 하나님을 만든 것입니다. 보이지 않아 모호한 하나님은 믿기가 어려웠기에 하나님을 명확하게 볼 수 있도록 형상화한 것이 금송아지였습니다. 하나님을 믿지 않으려 만든 것이 아니라, 하나님을 편하게 믿어 보려고 만들었다는 것입니다.

금송아지 형상을 만드는 일과 율법의 법조문으로 신앙을 규정하려는 행위는 동일한 맥락입니다. 하나님은 그것을 우상이라 하셨습니다. 눈에 보이는 보증서 발급에 집착하는 종교심으로는 하나님과 관계를 맺지 못한다는 것입니다. 우리는 구원, 믿음, 소명과 같은 것의 보증서를 손에 쥐어야만 안심이 되는 심리가 있습니다. 중세 시대에 면벌부가 그냥 팔렸을까요? 면벌부를 팔아 돈을 벌고 싶은 교황청의 욕구와, 구원을 보증받고 싶어 하는 사람들의 구매 욕구가 맞아떨어진 것입니다.

복음은 율법주의적 측정과 법조문에 의한 규정을 거부합니다. 우리가 고백하는 것은 측량할 수 없는 은혜와 규정할 수 없는 하나님입니다. 하나님은 우리의 이성으로 파악되지 않는 모호함을 내포하신 분이십니다. 그런 신비를 이성의 칼날로 도려내 버리는 것, 그것이 바로 육신에 할례를 행하는 것입니다.

| 변질 2

만들어진 신 The god delusion

그들이 은과 금으로 그것에 꾸미고 못과 장도리로 그것을 든든히 하여 흔들리지 않게 하나니 그것이 둥근 기둥 같아서 말도 못하며 걸어 다니지도 못하므로 사람이 메어야 하느니라 그것이 그들에게 화를 주거나 복을 주지 못하나니 너희는 두려워하지 말라 하셨느니라
(렘 10:4-5)

사람에게는 참 희한한 재주가 하나 있습니다. 신을 제작하는 재주입니다. 어떤 대상이든지 신격화하는 능력이 인간에게 있다는 것입니다.

옛날에는 소, 고목, 태양, 바다와 같은 것들을 신격화했습니다. 요즘은 과학의 발달로 인해 인간이 신이라고 여겼던 많은 것들이 탈신격화되었습니다. 그러나 이제는 과학 그 자체가 신적 권위를 가지게 되었습니다.

한때 인류는 특정 이데올로기를 신격화하고 신봉하는 시대를 지나기도 했고, 오늘날 자본주의 시스템은 돈에게 신적 권위를 부여하기도 합니다. 신이라고 명명하지는 않지만, 사람들 사이에서 신적 권위를 행사하는 것들이 더 다양해졌고, 특정 종교를 가지지는 않지만 다들 믿고 사는 것이 하나씩은 있습니다. 돈이든, 힘이든, 어

떤 지식이든, 사회적 지위든, 아니면 자기 자신을 믿든 나름의 믿음 생활을 하고 있는 것입니다.

예레미야 시절, 사람들은 은과 금으로 꾸미고 칼과 정으로 다듬어서 신상을 만들었습니다. 요즘에는 그런 것을 신처럼 떠받드는 사람은 잘 없습니다. 그러나 불안 한 스푼과 바람 한 스푼을 자본이라는 용매에 넣고 과학이라는 숟가락으로 잘 저어 만든 음료를 문화라는 그릇에 담아 영혼의 건강을 위해 매일 마시고 있다면, 예레미야 당시의 사람들이 우상을 제조하던 모습과 별반 다를 바가 없다고 말할 수 있지 않을까요?

이런 맥락에서 리처드 도킨스의 『만들어진 신』(The God Delusion) 개념은 타당한 지적입니다. 인간이 만든 인공물을 신이라고 믿는 것은 망상인 것입니다.

문제는 크리스천마저도 나로부터 비롯된 망상을 하나님이라고 믿는 경우가 왕왕 있다는 것입니다. 과연 내가 믿는 하나님은 나를 만든 신인지, 내가 만든 신인지 질문해 봐야 합니다. 말씀 앞에서 날마다 점검하지 않으면 내 내면의 허영심과 욕심이 투영된 결과물을 하나님이라고 착각하며 살기 쉽상입니다.

내가 깎고 다듬은 것을 하나님이라고 믿지 않으려면, 하나님에 의해 깎이고 다듬어지는 수밖에 없습니다.

| 변질 3

종교 상품 소비자

그들이 내 백성을 유혹하여 평강이 없으나 평강이 있다 함이라
(겔 13:10)

　평강이 없는데도 평강이 있다고 말하는 이유가 있습니다. 수요가 존재하기 때문입니다. 거짓 평안이라도 좋으니 나에게 평안을 빌어 달라고 그때나 지금이나 선지자들을 찾아다니는 이들이 있습니다. 사람들은 불편한 진실보다는 편안한 거짓을 선호하곤 합니다.

　만약 내가 그 시대를 살았다면 바빌로니아에 포로로 끌려가라고 말하는 예레미야나 에스겔을 선호했을까? 아니면 위로와 평안을 전하는 선지자를 선호했을까? 생각해 봅니다.

　종교는 민중의 아편이라는 말이 있습니다. 프랑스의 작가 사드가 이 개념을 가장 먼저 사용했습니다. 종교에 의존하는 사람들의 심리를 이용해 그 영혼을 착취하는 로마 가톨릭을 비판하기 위해 사용된 개념입니다. 마약 맛을 본 사람이 마약 판매상을 계속 찾는 것처럼, 종교적 진통제 맛을 본 사람은 그것을 끊기가 대단히 어렵습니다.

　"선지자의 죄악과 그에게 묻는 자의 죄악이 같은즉 각각 자기의 죄악을 담당하리니"(겔 14:10)

하나님은 마약 유통업자와 마약 소비자의 죄를 함께 물으십니다. 때로는 불편하고 마주하기 싫고 고통스럽기도 한 것이 진리입니다. 기독교는 진리로 인한 자유를 갈망하는 길입니다. 마음의 위안이나 평안한 느낌을 궁극적 목적으로 삼는 종교가 아닙니다.

예수님께서는 십자가의 고통 앞에서 몰약을 탄 포도주를 받지 않으셨습니다(막 15:23). 몰약을 탄 포도주란 고통을 덜어주는 진통제입니다. 진통제를 먹으면 좀 견딜 만하셨을 텐데 예수님께서는 십자가를 수월하게 지는 편을 거부하셨습니다.

내가 예수님의 제자이길 원하는지, 아니면 그저 교양 있고 품위 있는 종교인이기를 원하는지는 십자가가 내 등에 지워져 있는가, 아니면 인식 속에서 지워져 있는가를 보면 압니다.

십자가가 빠진 거짓 복음을 조심해야 합니다. 사탄은 성경으로부터 우리를 멀리 떼어 놓는 대신 우리의 성경 읽기를 십자가로부터 떼어 놓곤 합니다. 나의 죄악에 대한 인식과 자각이 없는 상태에서 구하는 평안은 끊기 힘든 마약일 수 있습니다.

교회 공동체에서 위로받을 수 있습니다. 그러나 내가 십자가에 못 박히고 내 자아가 해체되고 부서질 각오가 없다면, 진통제 한 알 사러 약국을 찾는 것과 별반 다르지 않습니다. 죄로부터 파생된 모든 문제는 진통제가 해결할 수 없습니다. 죽었다가 다시 살아나야, 거듭나야 해결됩니다.

| 변질 4

우상이 된 전통을 깨뜨리다

그가 여러 산당들을 제거하며 주상을 깨뜨리며 아세라 목상을 찍으며 모세가 만들었던 놋뱀을 이스라엘 자손이 이때까지 향하여 분향하므로 그것을 부수고 느후스단이라 일컬었더라
(왕하 18:4)

북이스라엘 역사에 가장 악한 왕으로 꼽히는 사람은 아합입니다. 그런데 북이스라엘에 아합이 있었다면, 남유다에는 아하스가 있었습니다. 아하스 왕의 악행 중 가장 유명한 것은 인신 제사입니다. 아하스는 자신의 아들들을 산채로 불에 태워서 우상에게 제사를 지냈습니다.

히스기야는 아하스의 아들입니다. 제물로 바쳐지지 않고 살아남은 아들인 것이죠. 그는 자기 형제들이 아버지에 의해서 불에 타 죽는 것을 보면서 자랐습니다. 무슨 생각을 하며 어린 시절을 보냈을까요? 종교의 무서움에 치를 떨지 않았을까요?

종교란 그런 것입니다. 비인격적이고 비인륜적 행위도 종교라는 명분 속에서 정당성을 가진다는 것입니다. 중세 십자군 전쟁도, 마녀사냥도, IS의 테러 행위도, 독일 그리스도인 연맹이 히틀러를 지지했던 것도 비슷한 맥락입니다.

히스기야는 왕이 되자 자기 아버지가 남긴 것들을 하나씩 청산하기 시작합니다. "그가 여러 산당들을 제거하며 주상을 깨뜨리며 아세라 목상을 찍으며 모세가 만들었던 놋뱀을 이스라엘 자손이 이때까지 향하여 분향하므로 그것을 부수고 느후스단이라 일컬었더라"(왕하 18:4)

히스기야는 산당과 아세라 목상을 제거합니다. 그런데 모세가 만든 놋뱀까지 우상들과 함께 없애 버립니다. 사람들은 충격을 받았을 것입니다. 이방신을 버리는 것이야 납득할 만한 일인데, 놋뱀은 모세가 하나님의 명령을 따라 만든 것입니다. 이스라엘의 역사적 유산이었고 신앙의 전통이었습니다. 히스기야는 모세가 만든 놋뱀을 부수고 그것을 느후스단, 즉 고철 덩어리라고 부릅니다. 왜냐하면 하나님이 주신 것이지만 사람들 사이에서 우상이 되어 버렸기 때문입니다.

이 시대에도 유산과 전통이라는 이름 아래서 기도가 주문으로, 예물이 뇌물로, 예배가 거래로, 말씀이 부적으로, 십자가가 드라빔으로, 목사가 영매로, 직분이 기득권으로, 교회 건물이 성전으로 여겨지고 있다면, 그것 또한 느후스단이라 불릴 만하지 않을까요?

본질을 놓치면 우리는 우상을 숭배하면서 하나님을 섬긴다고 착각할 수 있습니다.

| 변질 5

종교가 탄생시킨 괴물

그 때에 이스라엘에 왕이 없으므로 사람이 각기 자기의 소견에 옳은 대로 행하였더라
(삿 21:25)

　인간은 합리적인 존재가 아니라 합리화하는 존재라는 말이 있습니다. 합리적으로 생각하기보다는 자기가 품은 소신과 소견이 옳다는 것을 주장하거나 증명하기 위해 부단히 노력한다는 것입니다. 진리를 옳다고 여기는 것과 내가 옳다고 생각하는 것을 진리라고 믿는 것은 전혀 다른 이야기입니다. 사람들은 진실을 원하는 것 같지만, 그 진실이 나에게 불리하면 진실이라고 인정하고 싶지 않아 합니다. 반대로 거짓이라도 그 거짓이 나에게 유리하면 그것에 정당성을 부여할 수 있는 근거들을 찾고 모아서 진실로 포장하고 싶어 합니다.

　인간에게 옳다는 것은 매우 중요합니다. 내가 옳다고 여기는 가치를 위해 자기 목숨을 내놓기도 하고, 내가 옳다고 여기는 가치에 위배되는 타인을 볼 때는 그 사람의 목숨을 빼앗기도 하는 것이 인간입니다. 국가 간의 전쟁이나 종교적 명분을 앞세운 전쟁만 보아도 알 수 있습니다. 목숨을 버려서라도 확보하고 싶은 정당성, 그리고 목숨을 빼앗아서라도 확보하고 싶은 정당성, 이 둘의 충돌로 인해 발생하는 참혹한 현실을 우리는 역사 가운데서 적지 않게 발견할

수 있습니다.

　신앙이라는 것은 어떨까요? 예수 그리스도가 진리라고 믿는 것이 신앙입니다. 그런데 문제는 신앙이 자기합리화의 수단으로 사용될 때도 많다는 것입니다. 십자군 전쟁, 마녀사냥, 종교재판 등의 역사적 사건은 신앙이 명분이 될 때 인간이 얼마나 비인간적으로 변할 수 있는지를 보여줍니다. 또한, 독일의 나치와 히틀러를 지지했던 것도 그리스도인 연맹이라는 사실을 볼 때, 종교적 명분이 얼마나 강력한지를 알 수 있습니다.

　자기합리화와 신앙이 결부되면 무시무시한 힘을 발휘합니다. 기도를 많이 하거나 신앙생활을 오래 하거나 성경 지식이 많거나 종교적 체험이 많아질수록 더 표독스럽고 고집스러워지는 경우도 적지 않습니다. 흔들리지 않는 자기만의 철옹성을 쌓고는 그 안에서 자신이 결국 하나님 노릇을 하게 되는 것입니다.

　신앙심이란 진리이신 하나님을 믿는다고 덩달아 내 소견이 진리가 되었다는 확신이 아닙니다. 오히려 하나님의 진리 앞에서 내가 산산이 부서지는 경험입니다. 내 소견에 옳은 것을 하나님의 뜻이라고 믿는 것이 아니라, 하나님의 뜻에 비추어 내 모든 소견을 의심하는 것이 신앙입니다.

　　　잘못 믿으면 괴물이 되거나 속물이 됩니다.

| 기준 1

눈 뜨라고 부르는 소리 있어

바리새인 중에 예수와 함께 있던 자들이 이 말씀을 듣고 이르되 우리도 맹인인가
(요 9:40)

   탁구 경기 중에 벤치에 앉아 있던 코치가 경기 흐름을 끊고 타임 아웃을 부를 때가 있습니다. 코치의 눈에만 보이는 것이 있기 때문입니다. 코치의 코칭으로 선수는 자신이 뛰고 있는 경기에 새로운 관점을 가지게 됩니다.

   야구에서 타자에게 가장 중요한 덕목은 선구안입니다. 아무리 뛰어난 타격 기술이 있더라도 공을 보는 눈이 없으면 기술을 발휘할 기회조차 얻지 못합니다.

   운동 경기뿐일까요? 사람을 볼 때도 보는 눈이 필요합니다. 회사가 신입사원을 채용할 때, 좋은 눈을 가진 면접관들이 좋은 인재를 발탁합니다. 결혼 상대를 찾을 때도 사람 보는 안목이 필요합니다. 물건을 살 때도 어떤 사람은 가격을 보고 사지만, 어떤 사람은 가치를 보고 삽니다. 다른 눈을 가진 것입니다.

   우리 인간은 기껏해야 가시광선을 보는 게 전부입니다. 가시광선은 빛의 스펙트럼 중 0.003%도 안 되는 영역입니다. 인간의 감각

기관 전체가 받아들이는 정보 중 80%가 눈을 통해 들어온다고 하는데, 그 눈을 통해 파악 가능한 세상이 실제 세상의 1/10,000에도 채 못 미친다는 것이 놀랍지 않습니까?

우리 인간은 본다고 하지만 사실상 아무것도 못 보는 것입니다. 새만 하더라도 자외선, 적외선을 볼 수 있습니다. 심지어 철새들은 지구의 자기장을 눈으로 보며 비행을 합니다. 그러니까 그 먼 거리를 한 치의 오차도 없이 이동하는 것입니다.

"바리새인 중에 예수와 함께 있던 자들이 이 말씀을 듣고 이르되 우리도 맹인인가"(요 9:40)

그렇습니다. 우리는 모두가 다 본다고 하나 보지 못하는 사람들입니다. 단지 극히 제한된 정보를 바탕으로 세상의 이미지를 만들어 놓고 그 안에서 살고 있을 뿐입니다.

요한복음 9장의 시각 장애를 갖고 태어난 사람은 본인이 못 본다는 사실을 알았기에 예수님의 도움으로 눈을 뜰 수 있게 되었습니다. 그러나 자신들이 잘 본다고 착각했던 바리새인들은 메시아를 눈앞에 두고도 눈 뜰 기회를 잃어버린 것입니다.

살다 보면 눈을 뜨는 시기들이 있습니다. 이성에 눈을 뜨고, 돈에 눈을 뜨고, 세상 물정에 눈을 뜨는 그런 시기들 말입니다. 그런데 그렇게 떴던 모든 눈이 감겨지는 순간도 옵니다. 죽음입니다. 세상만사에 모든 눈을 다 뜨고도 믿음의 눈을 뜨지 못한다면, 그동안 떴던 눈들이 감겨질 때 영혼은 스올의 어둠으로 내려가게 될 것입니다.

"예수께서 이르시되 너희가 맹인이 되었더라면 죄가 없으려니와 본다고 하니 너희 죄가 그대로 있느니라"(요 9:41)

나는 세상의 빛이니

| 기준 2

인식이 존재를 규정하다

엘리야가 아합에게 이르되 올라가서 먹고 마시소서 큰 비 소리가 있나이다
(왕상 18:41)

엄마에게 유독 크게 들리는 소리가 있습니다. 자기 아이의 목소리입니다. 다른 소음과 섞여 있어도 엄마에게는 아이의 소리가 가장 또렷하게 들립니다. 아이의 목청이 좋아서가 아니라 듣는 사람이 엄마이기 때문입니다.

이스라엘 전역에 3년 동안 지독한 가뭄이 지속되고 있을 때, 엘리야는 큰 빗소리를 듣습니다.

"엘리야가 아합에게 이르되 올라가서 먹고 마시소서 큰 비 소리가 있나이다"(왕상 18:41)

문제는 함께 있었던 아합과 사환에게는 빗소리가 들리지 않았다는 것입니다. 빗소리는커녕 땅이 바싹 메말라 가는 소리만 클 뿐이었습니다. 큰 빗소리가 크지 않았습니다. 오히려 아무 소리도 없었습니다. 엘리야에게만 크게 들린 것입니다.

바알과 아세라 선지자 850명이 엘리야와 대결할 때, 850명이 보

지 못했던 하나님을 엘리야 혼자만 보았습니다. 아합과 이세벨이 얕보았던 하나님을 엘리야는 크게 보았습니다.

골리앗이 이스라엘 진영 앞에 나타났을 때, 사울의 눈에는 골리앗이 거대해 보였지만 다윗의 눈에는 하나님이 더 커 보였습니다.

밤하늘에 예수님 탄생 소식을 알려 주는 별이 나타났을 때, 대제사장과 서기관들 눈에는 별이 안 보였지만 동방 박사 눈에는 밝게 보였습니다.

무엇이 현실일까요? 무엇이 실상일까요? 귀 기울여 크게 듣고, 주목하여 크게 보는 것, 그것이 곧 나의 현실이 됩니다. 인식이 존재를 규정합니다. 믿음이 바라는 것들의 실상입니다.

열두 명이 가나안 땅을 똑같이 보고 와도 열 명의 이야기와 두 명의 이야기가 다르지 않았습니까?

보고 듣는 것은 그 자체로 영적인 행위입니다. 사람들은 보고 들은 것을 근거로 판단을 내리고, 그 판단의 결과물이 만든 구조물을 우리는 현실이라고 파악하며 살고 있습니다. 이 세상은 구성원 각자의 믿음이 반영된 현실이라는 것입니다.

나는 과연 무엇으로부터 제공받은 믿음으로 살고 있을까요? 언론이 제공한 믿음인지, 특정 정치적 견해를 가진 사람들이 제공한 믿음인지, 돈이 제공한 믿음인지, 아니면 창조주의 말씀에서 비롯된 믿음인지 질문해 봅니다.

| 기준 3

믿고 싶은 신, 믿을 만한 신

유다 성읍들과 예루살렘 주민이 그 분향하는 신들에게 가서 부르짖을지라도 그 신들이 그 고난 가운데에서 절대로 그들을 구원하지 못하리라 유다야 네 신들이 네 성읍의 수와 같도다 너희가 예루살렘 거리의 수대로 그 수치스러운 물건의 제단 곧 바알에게 분향하는 제단을 쌓았도다

(렘 11:12-13)

남유다에는 도시의 개수만큼이나 그들이 믿는 신들이 즐비했습니다. 믿는 신이 많다는 것은 무슨 뜻일까요? 결국 아무 신도 못 믿겠다는 것 아니겠습니까? 이 신을 믿자니 저게 불안하고, 저 신을 믿자니 이게 불안합니다. 그래서 이 신도 믿고 저 신도 믿으면서 한 신의 부족한 부분을 다른 신이 보완해 주기를 바라는 것입니다.

어디서 많이 보던 장면 아닌가요? 인터넷 쇼핑몰 장바구니에 물건들을 담아 놓고 가격과 성능을 비교하며 저울질하는 것과 하나도 다르지 않습니다. 이 제품을 사자니 기능이 아쉽고, 저 제품을 사자니 가격이 아쉽고, 또 다른 것을 사자니 디자인이 아쉬운 상황과 너무 비슷하지 않습니까?

다양한 신을 믿는 것은 포용력이 좋아서가 아닙니다. 이 여자도 사랑하고 저 여자도 사랑하는 남자를 사랑이 넘치는 사람이라고

하지 않는 것과 같습니다. 한 사람을 끝까지 사랑할 줄 알고, 그 사람만을 선택한 자신의 결정에 책임감을 가지고 사는 것이 아름다운 것처럼 신앙도 마찬가지입니다.

"너는 나 외에는 다른 신들을 네게 두지 말라"(출 20:3)

이것이 왜 십계명의 제1계명이겠습니까? 더 많은 신을 믿을수록 인간은 더 불안할 뿐입니다. 한 분 하나님께 몰입하고 그분을 경외하고 섬길 때 인간은 불안하지 않습니다. 인간이 맛볼 수 있는 한없는 평안과 만족은 믿을 만한 참신 이외의 다른 것들을 포기하는 데서 비롯됩니다. 믿을 만한 신이 아니라 믿고 싶은 신을 믿기 시작하면서 만족을 놓치는 것입니다.

믿고 싶은 것만 믿고, 듣고 싶은 말만 듣고, 보고 싶은 것만 보는 일이 점점 수월해지는 세상입니다. 지혜롭다는 것은 믿고 싶은 것과 믿을 만한 것의 차이를 인지하는 것 아닐까요? 성경은 그 지혜를 제공합니다.

"여호와를 경외하는 것이 지혜의 근본이요 거룩하신 자를 아는 것이 명철이니라"(잠 9:10)

믿을 만한 하나님 한 분이면 충분합니다.

"누구든지 나를 따라오려거든 자기를 부인하고
자기 십자가를 지고 나를 따를 것이니라"
(마 16:24)

4장
자기밖에 모르는 인간

자기중심성

인정

자기 안

참상

자기 밖

| 자기중심성 1

뉴럴 링크보다 크루시링크

슬프다 이 성이여 전에는 사람들이 많더니 이제는 어찌 그리 적막하게 앉았는고 전에는 열국 중에 크던 자가 이제는 과부 같이 되었고 전에는 열방 중에 공주였던 자가 이제는 강제 노동을 하는 자가 되었도다
(애 1:1)

나라가 망했습니다. 예루살렘 성은 함락되었고 하나님의 성전은 불에 탔습니다. 성전에서 검은 연기가 치솟는 모습을 사람들은 망연자실하게 바라보았을 것입니다.

바빌로니아가 포위하고 있는 동안 하나님의 도성은 지옥으로 변해갔습니다. 식량 공급이 차단되자 사람들은 아사 직전에 이르렀고, 일부 사람들은 살기 위해 아이들까지 잡아먹었습니다.

뿐만 아니라 기근으로 인해 면역력이 약해지자 전염병이 창궐했습니다. 수습되지 않은 시체가 거리마다 나뒹굴었습니다. 사회적 붕괴와 대혼란 속에서 사람 간의 기본적 신뢰마저도 무너지며, 하나님의 도성은 인간이 인간답기를 포기해야 하는 곳이 되어버렸습니다.

어쩌다가 이 지경이 되었을까요? 외부적으로는 외세의 침공, 내부적으로는 무너져버린 내실이나 국방력 약화 등을 이유로 들 수 있

습니다. 그러나 외부적인 이유든 내부적인 이유든 모두 표면적 이유일 뿐입니다.

근본적으로는 죄 때문에 나라가 망했습니다. 이것이 성경의 진단입니다. 죄란 지독한 자기중심성입니다. 하나님 중심성을 벗어나며 띄게 된 인간의 자기중심성이 모든 문제의 발단입니다.

인간이 자기를 중심으로 옳고 그름을 판단하기 시작하면 '내로남불'이라는 결과에 이르게 됩니다. 자기를 정당화하고 자기를 합리화하느라 자기 외의 모든 것을 수단과 도구로 삼습니다. 선악과를 먹은 아담이 뱉은 첫마디는 핑계와 변명이었다는 것을 기억할 필요가 있습니다.

이 자기중심성이 치료되지 않으면 인간은 같은 문제를 다른 방식으로 경험하게 될 뿐입니다. 문제의 뿌리를 간과한 채 문제의 현상을 아무리 다룬들, 문제는 다른 양상으로 발현하게 되어 있습니다.

트랜스휴먼이 되든 포스트휴먼이 되든 마찬가지입니다. 뉴런에다가 그 어떤 최첨단의 기술을 링크시킨다 한들 그게 과연 인간의 자기중심성 문제를 해결할 수 있을까요? 도리어 더 자기중심적이 되고 말 것입니다.

인간의 자기중심성 문제, 즉 원죄에 대한 해결책은 이미 2,000년 전에 제시되었습니다. 십자가가 인터페이스인 Cruci-link입니다. 이것은 인간에게 가장 중대한 연결(crucial link)이기도 합니다. 하나님에게 접속된 상태에서 인간은 가장 인간다울 수 있도록 창조된 존재이기 때문입니다.

하나님 안에서
인간은 가장 인간답습니다.

| 자기중심성 2

치료받고 싶지 않은 질병

믿는 무리가 한마음과 한 뜻이 되어 모든 물건을 서로 통용하고 자기 재물을 조금이라도 자기 것이라 하는 이가 하나도 없더라
(행 4:32)

　예수님이 공생애 기간 동안 많은 기적을 베푸셨습니다. 복음서에 기록된 기적만 35개입니다. 신체적인 질환을 치료해 주신 기적이 16회로 가장 많고, 그 다음으로는 물을 포도주로 변하게 하신다거나 바람을 잠잠하게 하시는 것과 같은 자연 현상에 대한 기적이 9회입니다. 그리고 귀신을 쫓으신 기적이 7회, 죽은 사람을 살리신 기적이 3회입니다.

　혹시 기적에도 난이도의 차이가 있었을까요? 시각장애인의 눈을 뜨게 하는 일과 죽은 나사로를 살리는 일 중 어느 쪽이 더 어려운 기적일까요? 오늘날에도 육신의 질병이 기적적으로 치유되었다는 소식은 어렵지 않게 들리는 일이긴 합니다. 반면에 죽은 사람이 다시 살아났다거나 하는 일은 거의 없을 법한 일이기에 왠지 기적에도 경중이 있어 보이기도 하는 것 같습니다.

　하지만 기적을 베푸시는 예수님의 모습을 보면 죽은 사람 앞에서나, 일렁이는 파도 앞에서나, 귀신 들린 사람 앞에서나 한결같으십

니다. 그저 외마디 선포와 외침으로, 간단한 동작 하나로 기적을 베푸셨습니다. 예수님이 원하시면 병환이 12년이 됐든, 38년이 됐든, 숨이 끊어졌든 그게 문제가 되지 않았습니다.

그러나 예수님께서 오랜 시간 바라고 원하셨지만 잘되지 않았던 일이 한 가지 있었습니다. 그것은 제자들이 서로 하나가 되는 일이었습니다. 요한복음 17장에서 예수님은 제자들의 하나 됨을 위해 반복적으로, 아주 간절하게 기도하시는 것을 볼 수 있습니다. 이를 통해 서로 하나 되는 것, 서로 사랑하는 것, 용서하는 것 등과 같은 일은 그저 한두 마디 외침으로 가능하지 않다는 것을 알 수 있습니다. 사람과 사람이 하나 되는 일에는 더 특별한 무언가가 필요하다는 것입니다. 그래서 예수님은 십자가까지 지셨습니다.

"믿는 무리가 한마음과 한 뜻이 되어 모든 물건을 서로 통용하고 자기 재물을 조금이라도 자기 것이라 하는 이가 하나도 없더라"(행 4:32)

사도행전 4장에 나온 이 사건이야말로 인류 역사를 통틀어 일어나기 가장 힘든 기적이 아닌가 하는 생각이 듭니다. 성경에 많은 기적이 등장하지만, 사람과 사람이 한마음과 한 뜻이 되고, 사람이 자기 소유를 자기의 것이라 여기지 않는 것, 이만한 기적이 있을까요?

만약에 이러한 기적이 오늘날 교회 공동체 안에 일어난다면 어떨까요? 내심 그런 일이 일어나지 않기를 바라는 사람들도 많을 것입니다. 어떻게 모은 재산인데 말입니다. 이것은 구약의 희년 제도가 시행되었다는 기록을 찾기가 힘든 이유이기도 합니다. 이스라엘 백성들은 희년은 커녕 안식년조차 지키지 않아서 책망을 받았습니다(렘 34:14). 자기 소유에 대한 집념과 미련은 그만큼 강력합니다. 우리는 저마다의 탐욕 때문에 괴로워하지만 막상 버리려고 하면 가장 아까운 것이 탐욕이기도 합니다.

쥐가 걸리는 감염병 중에 '톡소플라스마증'이 있습니다. 이 병에 걸리면 쥐는 고양이의 소변 냄새를 좋아하게 되고, 고양이에 대한 공포감을 상실합니다. 그래서 결국 고양이의 밥이 되고 맙니다. 인간이 걸린 탐욕이라는 질병과 너무 비슷합니다. 초대 교회 공동체에 임한 성령께서 가장 처음 하신 일은 이 질병을 치유하신 일입니다.

"삼가 모든 탐심을 물리치라
사람의 생명이 그 소유의 넉넉한 데 있지 아니하니라"
(눅 12:15)

| 자기중심성 3

관상용 열매, 선악과

동산 중앙에 있는 나무의 열매는 하나님의 말씀에 너희는 먹지도 말고 만지지도 말라 너희가 죽을까 하노라 하셨느니라
(창 3:3)

선악과는 에덴 동산의 중앙에 있었습니다. 위치가 이상하지 않습니까? 먹어서도 안 되고 만져서도 안 되는 것이라면 안 보이는 곳에 숨겨둬야 하는 게 상식입니다. 선악과는 아담과 하와의 손이 닿지 않는 곳에, 눈길이 닿지 않는 곳에 있어야 했습니다. 아니, 아예 처음부터 그런 위험한 것은 없었으면 좋았을 텐데 말입니다. 그런데 왜 하나님은 선악과를 굳이 만드셨고, 그것도 하필 너무 잘 보이는 동산 중앙에 두셨을까요?

선악과의 위치가 선악과가 만들어진 의도를 드러냅니다. 하나님의 의도적인 위치 선정이었습니다. 아담과 하와가 에덴 동산 어디에 있든 시야에 들어올 수밖에 없는 곳에 선악과를 두신 것입니다. 안 보고 싶어도 볼 수밖에 없는 것, 매일 두 눈으로 똑똑히 보면서 살아야 하는 것이 선악과였습니다. 애초에 선악과는 식용이 아니라 관상용으로 만들어졌던 것입니다. 아담과 하와는 선악과를 보면서 자신들이 누구인지를 인지할 수 있었습니다. 자신이 창조주가 아니라 피조물이라는 것입니다. 신이 아니라 사람이라는 것입니다. 신과

인간의 차이를 인지시켜 주는 것이 선악과였습니다. 선악과란 인간다움의 표지였던 것입니다.

인간답다는 것이 뭘까요? 겸손입니다. 자기 한계를 솔직하게 인정하고, 자기가 할 수 없는 일에 탐욕스럽지 않을 때 인간은 인간답습니다. 내가 모든 것을 다 할 수 있다고 착각하기 시작하면, 내가 신이 되려고 하면, 짐승 같아지고 마는 것이 인간 아닌가요? 아담과 하와는 '인생에는 욕심내면 안 되는 것도 있다'는 것을 선악과를 보며 배울 수 있었습니다. "네 마음대로, 네가 원하는 대로 신이 될 수 있다"고 유혹한 것이 뱀입니다. 그래서 선악과를 먹은 인간은 뱀의 말처럼 신이 되었을까요? 신이 되기는커녕 인간다움을 잃어버리고 말았습니다.

선악과를 먹은 인간이 가장 처음 했던 행동은 남 탓, 핑계와 변명, 자기 합리화였습니다. 자기 잘못을 인정할 줄 모르는 존재로 전락한 것입니다.

예수님은 신 노릇하고 싶은 인간들 사이에 인간으로 오셨습니다. 인간다움이 무엇인지를 신이 몸소 인간이 되어 보여준 것입니다. 자기 잘못을 인정할 줄 모르고 남을 탓하기 바쁜 인간들 앞에서 모든 죄를 다 뒤집어쓰고 십자가에 달리셨습니다. 이것이 바로 타락한 인간을 구원하시는 하나님의 방법이었습니다.

| 인정 1

자기중심성의 발견

만일 평민의 한 사람이 여호와의 계명 중 하나라도 부지중에 범하여 허물이 있었는데 그가 범한 죄를 누가 그에게 깨우쳐 주면
(레 4:27-28)

사람이 자기 잘못을 스스로 깨닫는 것은 쉬운 일이 아닙니다. 내가 지금 무엇을 잘못하고 있는지를 아는 지식, 어쩌면 세상에서 가장 습득하기 어려운 지식인지도 모르겠습니다. 타인의 잘못을 따지고 밝히는 것만큼 쉬운 일도 없고, 내 잘못을 깨닫고 인정하고 시인하는 일만큼 어려운 일도 없습니다.

레위기는 속죄에 관한 제사 규례를 다루면서 '부지중에 범한 죄'를 반복적으로 언급합니다. 죄를 지었지만 그것을 죄로 인지하지 못하는 상태가 있다는 것입니다. 죄를 지은 이유가 정보가 부족하기 때문일 수도 있습니다. 죄인 줄 모르고 죄를 짓는 경우입니다. 이런 경우는 자기 죄를 깨닫고 나면 대체로 다시 죄를 짓지 않습니다. 안 되는 줄 알았기 때문입니다.

그런데 죄를 짓는 이유가 지독하게도 자기중심적이기 때문이라면 얘기가 달라집니다. 자신의 잘못을 합리화하고 정당화하는 회로가 너무 잘 확립되어 있어서 웬만해서는 스스로 잘못을 깨우치는 법이

없습니다. 이런 상태에 있는 사람이 어떻게 죄를 깨달을 수 있을까요?

> "만일 평민의 한 사람이 여호와의 계명 중 하나라도 부지중에 범하여 허물이 있었는데 그가 범한 죄를 누가 그에게 깨우쳐 주면"(레 4:27-28)

 타인의 지적으로 자신의 잘못을 깨닫게 된다는 것입니다. 그렇다고 지적하는 사람이 잘했다는 것은 아닙니다. 지적하는 사람도 자기 눈의 들보는 못 보고 남의 눈에 있는 티나 트집 잡는 것입니다. 하지만 어쨌거나 자기밖에 모르는 상대방의 이기적 태도 덕분에 나도 나밖에 모르는 내 모습을 발견하게 됩니다. 상대방의 자기중심성이 나의 자기중심성에 균열을 냅니다.

 이것이 바로 공동체의 중요한 기능입니다. 각자의 이기적인 태도가 서로 부딪치며 나의 약함과 악함이 노출되고, 인정하고 싶지 않은 내 본색이 드러나는 공간이 공동체입니다. 그러면서 나를 다시 한번 돌아보고 사람들 사이에서 발견한 나를 하나님 앞에까지 가지고 가게 됩니다.

 레위기에 의하면 죄를 깨달은 다음 속죄제를 드리게 되어 있습니다. 내가 무슨 죄를 범했는지도 모른 채 무조건 잘못했다고 비는 용서는 하나님이 기뻐하지 않으십니다. 따라서 나를 판단하고 정죄하는 사람은 고마운 사람입니다. 하나님께 용서받을 죄 리스트를 나 대신 작성해 주느라 얼마나 수고가 많은지 모릅니다.

| 인정 2

충분한 일주일

유다의 아사 왕 제이십칠년에 시므리가 디르사에서 칠 일 동안 왕이 되니라
(왕상 16:15)

시므리처럼 통치 기간이 짧았던 왕은 없습니다. 그는 겨우 7일 동안 왕의 자리에 앉았습니다. 인생에서 '일주일'이란 아주 짧은 시간입니다. 어영부영하다가 일주일이 훌쩍 지나가 버리는 경험은 우리에게 익숙한 일상입니다. 그렇게 짧은 시간에, 인간이 죄를 지으면 얼마나 많은 죄를 지을 수 있을까요? 그런데 시므리는 왕이 된지 7일만에 왕궁에 방화를 하고 자기도 그 속에서 죽어 버립니다.

"이는 그가 여호와 보시기에 악을 행하여 범죄하였기 때문이니라 그가 여로보암의 길로 행하며 그가 이스라엘에게 죄를 범하게 한 그 죄 중에 행하였더라"(왕상 16:19) 단 7일, 왕의 자리에 앉았다가 그는 악한 왕으로 기록되었습니다. 누군가에겐 겨우 적응도 하기 어려운 시간이었을 그 7일 동안, 그는 모든 것을 드러내고 말았습니다.

하나님께는 양이 문제가 아닙니다. 시간이 문제가 아닙니다. 방향이 문제입니다. 하나님께는 하루가 천 년 같고 천 년이 하루 같습니다(벧후 3:8). 한순간이 영원의 무게감을 지닙니다. 매 순간이 영원

과도 같습니다. 그래서 오늘 하루가, 지금 이 순간이 중요합니다.

시므리는 왕이 되면서 악인으로 돌변한 것일까요? 그는 본래 그런 사람이었습니다. 왕이 되어서 죄를 짓게 된 것이 아닙니다. 죄 가운데 지내던 사람이 자리를 옮겼을 뿐입니다. 자리가 사람을 바꾸기도 하지만, 자리가 바뀌어도 변하지 않는 본성이라는 것이 있습니다. 가려져 있던 본성이 자리가 바뀜으로 발현되는 것입니다.

죄인은 죄인입니다. 옷을 바꿔 입는다고 의인이 되지 않습니다. 호박에 줄 긋는다고 수박이 될까요? 여기 있다가 저기 간다고 다른 사람이 되는 것도 아닙니다. 예배당에 앉아 있다고 예배자가 되는 것이 아닙니다. 사무실 책상 앞에 앉아 있다고 예배자가 아닌 것도 아닙니다. 내가 어느 자리에 앉는가는 중요하지 않습니다. 내 마음의 주인 자리에 누가 앉아 있는가, 그것이 중요합니다. 하나님이 내 안에 자리를 잡으셔야 우리의 본질이 바뀝니다.

시므리에게 주어진 일주일은 그의 본질을 드러내는 시간이었습니다. 지난 일주일, 나는 어떤 방향을 향해 걸어왔을까요? 다가오는 일주일, 나는 무엇을 향해 살아야 할까요? 매일매일이 영원에 연결되어 있습니다. 오늘 하루, 그저 내 삶의 방향이 영원을 향해 있기를 소망합니다.

지금 내 마음의 자리엔 누가 앉아있나요?

| 인정 3

삶의 변화는 언제 어떻게 시작될까?

그 달 스무나흘 날에 이스라엘 자손이 다 모여 금식하며 굵은 베 옷을 입고 티끌을 무릅쓰며 모든 이방 사람들과 절교하고 서서 자기의 죄와 조상들의 허물을 자복하고 (느 9:1-2)

느헤미야 시대에 유다 백성들이 성벽을 재건한 일은 비록 초자연적 사건은 아니지만 기적에 가까운 일이었습니다. 포로로 잡혀갔다가 돌아온 유다 백성들이 완전히 폐허인 땅에서 단 52일 만에 성벽을 재건하여 완성합니다.

성벽 공사만 한 것이 아니라 외부의 공격을 막기 위해 한 손에 무기를 든 채 노동을 했고, 일을 하지 않을 때는 경계 근무를 서야 할 정도로 치열했습니다. 이런 열악한 상황 속에서 성벽을 재건했다는 것은 기적과 다름이 아닌 것입니다. 하나님의 도우심이 없이는 도저히 불가능한 일이었습니다.

그런데 느헤미야서에는 이보다 더 큰 기적이 기록되어 있습니다. "그 달 스무나흘 날에 이스라엘 자손이 다 모여 금식하며 굵은 베 옷을 입고 티끌을 무릅쓰며 모든 이방 사람들과 절교하고 서서 자기의 죄와 조상들의 허물을 자복하고"(느 9:1-2)

온 유다 백성들이 한자리에 모여 자기의 죄와 선조들의 죄를 자복합니다. 인간이 자기의 잘못을 인정하는 것, 이것은 대단한 건물을 세우는 것보다 훨씬 어려운 일입니다.

많은 공을 세울수록, 많이 알수록, 많이 가질수록, 힘이 강할수록 사람은 자기가 틀렸다는 것을 인정하기가 힘들어집니다. 자신의 공로와 지식과 경험이 자기의 죄를 정당화하는 근거로 작용하기 때문입니다.

사소한 잘못에도 양심의 가책을 느끼며 진심으로 마음을 다해 잘못을 뉘우치는 일은 성령의 역사가 아니고서는 인간의 본성상 가능하지 않은 일입니다. 보이지 않지만 가장 큰 기적입니다.

성경을 읽다가 양심에 찔림이 있다면 그보다 확실한 하나님의 음성은 없습니다. 놀라운 기적을 경험할 기회입니다. 인생을 송두리째 변화시키고도 남을 만큼의 엄청난 기적을 경험할 기회라는 것입니다.

내가 나를 변화시킬 수 있을까요? 나는 그저 내 죄를 자복할 뿐입니다. 약함과 악함을 있는 그대로 시인할 때 하나님이 내 안에 선한 일을 시작하실 것을 믿습니다.

"잘못했습니다."
한 마디면 됩니다.

| 인정 4

손절하기 어려운 이유

왕은 아직도 애굽이 망한 줄을 알지 못하시나이까
(출 10:7)

　인류 역사상 가장 위대한 수학자이자 과학자, 아이작 뉴턴은 만유인력의 법칙을 정립하고 미적분학을 창시했습니다. 그는 천재입니다. 그런데 이런 천재가 인생 말년에 주식 투자를 하다가 전 재산을 몽땅 날리고 맙니다. 고점을 지나 폭락하는 주가를 두 눈으로 빤히 보면서도 언젠가는 오를 것이라는 기대감에 버티다가 결국 망합니다. 심지어 대출이란 대출은 다 받아서 물타기까지 했다고 합니다. 사람의 욕심이 사람을 얼마나 강력하게 끌어당기는지는 만유인력의 법칙을 정립한 천재도 파악하기 어려웠던 모양입니다.

　이집트 왕, 파라오에게도 비슷한 모습이 보입니다. 이집트 전역이 쑥대밭이 되어 가는 중에 나라의 대소신하들이 파라오에게 이렇게 말합니다. **"왕은 아직도 이집트가 망한 줄 모르십니까?"**(출 10:7, 현대인의 성경) 왕 빼고 다 알았습니다. 파라오 눈에만 망해 가는 이집트가 안 보였습니다. 정말 안 보였을까요? 안 보인 것이 아니라 인정하고 싶지 않았던 것입니다. 사람이 자신의 결정, 선택, 신념이 틀렸다고 인정하는 것은 무척이나 어려운 일입니다. 파라오는 가장 소중한 것을 잃고 나서야 자신이 틀렸음을 인정합니다.

살다 보면 내가 틀렸다는 것을 인정해야 할 때가 있습니다. 언제가 가장 적절한 때일까요? 인지했을 때입니다. 그런데 인지에서 인정까지 가는 데 상당한 시간이 걸립니다. 현실 회피의 골짜기와 자기 합리화의 정글을 지나야 하기 때문입니다. 대다수가 회피하고 버티고 물타기 하다가 결국 다 잃습니다. 파라오가 첫 번째 재앙 때 마음을 돌이켰다면 상황이 어떻게 달라졌을까요?

니느웨 성의 왕이 생각납니다. 니느웨 왕은 요나의 외마디 경고를 듣고는 바로 자신의 죄를 뉘우칩니다. 자존심을 버리기 가장 어려운 사람이 자존심을 버렸더니 모든 사람이 살았습니다.

인정하기 가장 좋을 때는
인지했을 때입니다.

| 자기 안 1

감옥이 되어 버린 도시

가인이 성을 쌓고 그의 아들의 이름으로 성을 이름하여 에녹이라 하니라
(창 4:17)

동생을 죽인 가인은 불안했습니다. 사람이 사람을 죽이는 일이 가능하다는 것을 몸소 경험하고 나니, 나도 누군가의 손에 죽을 수도 있다는 공포가 그의 가슴을 옥죄어 왔을 것입니다. 이 공포를 해결하기 위해 가인이 선택한 방법은 성을 쌓는 일이었습니다. 자신을 외부의 위협으로부터 지켜줄 성, 안전하다고 검증된 사람들끼리 모여 살 수 있는 성을 만들었습니다. 성의 이름은 아들의 이름을 따서 에녹성이라 지었습니다. 에녹성 프로젝트는 대성공이었습니다. 목축업이 발달해서 먹고 사는 문제가 해결되었습니다. 예술도 발달해서 삶의 질이 윤택해졌을 뿐만 아니라, 철기 문명의 선구자들 덕분에 첨단의 기술력과 강력한 국방력을 보유하게 되었습니다. 구성원들의 행복과 안전을 보장해줄 인프라가 고루 갖춰진 사회가 된 것입니다. 그런데 실상은 어땠을까요?

"나의 상처로 말미암아 내가 사람을 죽였고 나의 상함으로 말미암아 소년을 죽였도다"(창 4:23) 살해 위협으로부터 해방되기 위해만든 성 안에서 살인 사건이 발생한 것입니다. 가인은 안전지대를 꿈꾸며 에녹성을 쌓았지만, 그곳은 여전히 위험지대였습니다. 가인이

만든 것은 성이었지만 그곳을 감옥이나 지옥으로 느꼈던 사람들이 있었던 것입니다. 해결되었다고 생각한 문제가 여전히 해결되지 않은 채 남아 있었습니다.

우리는 각자가 스스로 구축한 자신만의 성을 하나쯤은 가지고 있습니다. 내 안전과 행복과 미래를 보장받기 위해 만들어 둔 성입니다. 그런데 아이러니하게도 내가 쌓은 성에 내가 갇히는 경우가 허다합니다.

학문에 대한 뜨거운 열망으로 한 분야의 우물을 깊게 파고서는 그 우물 안의 개구리 꼴이 되어버리고 맙니다. 자기 방어 기제와 자기 연민에 빠진 사람은 스스로를 죽음으로 내몰아 갑니다. 기쁘고 자유롭기 위해 시작한 일에 중독이 되어버려서 자유는커녕 금단 현상에 시달립니다. 내게 득이 되는 사람들로만 구축한 인간관계가 나중에는 도리어 올무가 되기도 합니다. 자기 시야, 자기 해석, 자기 세계에 빠져서 허우적거릴 때가 얼마나 많습니까? 결국엔 내가 나를 내 안에 가두어버리는 것입니다.

나는 어떤 성을 쌓고 있을까요? 내가 쌓은 성은 정말 안전할까요? 행복을 보장해줄 것이라는 믿음으로 쌓고 있는 성의 실체에 대해서 생각해 봅니다.

> "여호와의 이름은 견고한 망대라
> 의인은 그리로 달려가서 안전함을 얻느니라"
> (잠 18:10)

| 자기 안 2

자기 안에 갇혀 지내는 이들에게

그러므로 주 안에서 갇힌 내가 너희를 권하노니
(엡 4:1)

　에베소서는 바울이 감옥에 갇혀 있을 때 쓴 편지입니다. 그런데 편지 어디에도 석방을 위한 기도 부탁이 등장하지 않습니다. 그는 감옥에서 풀려나기를 희망하는 것 같지도 않습니다. 그는 갇혀 있는데 마치 갇혀 있지 않은 사람 같습니다.

　감옥에 살아도 갇혀 살지 않는 사람이 있고, 감옥 밖에 살아도 감옥같이 사는 사람이 있습니다. 에베소에 쓴 편지에서 느껴지는 바울은 감옥에 갇혔다고는 믿기지 않을 정도로 자유롭고 평안하고 당당합니다. 그는 주 안에 갇혀 살았습니다.

　감옥은 주 안에 갇힌 바울을 가두지 못했습니다. 그의 편지는 감옥을 넘고, 시대를 넘고, 언어를 넘고, 사람이 만든 모든 경계를 넘어 지금 우리에게까지 이르렀습니다.

　상황에 갇혀 사는 사람이 있고, 주 안에 갇혀 사는 사람이 있습니다. 상황에 갇히면 막막하지만 주 안에 있으면 자유합니다. 나는 어디에 갇혀 살고 있을까요?

인간이 선악과를 먹고 범죄한 후 갇힌 곳은 다름 아닌 자기 자신입니다. 세상에서 가장 탈출하기 힘든 나 자신이라는 감옥에 투옥되었습니다. 이 감옥은 탈출이 거의 불가능하다 싶을 정도로 완벽한 탈옥 방지 시스템을 갖추고 있습니다. 내 시야, 내 생각, 내 지식, 내 경험, 내 편견, 내 기분, 내 입장, 내 소유, 내 프레임 등등 아무리 깨고 나가도 끝이 없습니다.

세상은 자유로워지려는 몸부림으로 가득한 곳입니다. 하고 싶은 것 하고 살려고 돈을 법니다. 하고 싶은 대로 하고 살려고 갑이 되려 합니다. 그런데 자기 마음대로 한다는 것은 결국 자기 욕망의 노예가 되겠다는 것 아닐까요? 실상은 자기를 착취하면서 자기를 성취하고 있다는 착각 속에 삽니다. 점점 더 얽매이면서도 자유로워지고 있다는 환각 속에 살아갑니다.

예수님은 내 속에 갇혀 있던 나를 구출하셔서 주 안에 머물게 하십니다. 평생 자기 자신 안에 갇혀 지내던 바울은 예수님을 만나고 주 안에 갇힙니다. 주 안에 갇혔더니 다른 모든 것으로부터 풀려나는 것을 경험했습니다. 주 안에 갇혔더니 그 어떤 것에도 갇히지 않는 사람이 되었습니다.

"주는 영이시니 주의 영이 계신 곳에는 자유가 있느니라"(고후 3:17)

| 참상 1

말씀이 이루어지다

여호와께서 이스라엘 족속에게 말씀하신 선한 말씀이 하나도 남음이 없이 다 응하였더라
(수 21:45)

　가나안 땅의 분배는 사람의 뜻이 아니라 하나님의 뜻에 따라 이루어졌습니다. 그 과정에 인간의 불순종과 실패가 있었지만, 하나님은 그마저도 당신의 선하신 뜻을 이루시는 도구로 삼으셨습니다. 하나님의 선한 말씀이 하나도 남음이 없이 다 응한 것입니다.

　사람의 뜻이 이루어지지 않아서 얼마나 다행인지 모릅니다. 사람이라고 왜 뜻이 없겠습니까? 나름대로 생각하는 저마다의 '좋은 방식', '더 나은 세상'이라는 것이 있습니다. 정치, 철학, 종교, 경제적 이해관계 속에서 사람들은 각자의 신념을 따라 자신이 바라는 유토피아를 구상합니다. 거창한 뜻까지는 아니더라도 우리 모두에게는 개인적인 소소한 바람이 있습니다. 우리는 그것을 이루려는 의지를 가지고 매일 애쓰는 존재입니다.

　문제는 인간이 본질적으로 자기중심적이라는 것입니다. 내가 생각하는 '더 나은 방향'이 누군가에게는 '정반대 방향'일 수 있다는 것입니다. 서로 사랑하고 하나가 되겠다며 다짐하고 결혼한 부부도 대립하는데, 하물며 서로 다른 배경과 신념, 이해관계를 가진 사람

들이 만들어가는 세상은 어떻겠습니까? 만인이 만인에 대해 투쟁하는 것입니다.

한쪽이 꿈꾸는 이상이 다른 누군가에게는 억압이 되고, 한 사람이 이루려는 정의가 다른 사람에게는 부당한 폭력이 될 수도 있습니다. 역사의 흐름을 돌아보면, 인류는 수없이 많은 유토피아를 꿈꿨지만, 그것이 결국 또 다른 갈등과 파괴로 귀결된 사례가 얼마나 많습니까? 혁명의 이름으로, 진보의 이름으로, 정의의 이름으로 행해진 수많은 시도는 종종 새로운 억압과 불의를 낳았습니다.

C. S. 루이스는 이렇게 말했습니다. "지옥이란, 결국 인간이 자기 뜻대로 모든 것을 이루는 곳이다." 천국을 한 번 만들어 보겠다는 노력이 지옥문 손잡이를 돌리는 격이 되고 마는 것입니다.

성경은 인간의 이러한 자기중심적 모순에 대한 해결책을 제시합니다. 예수님은 이렇게 기도하라고 가르쳐 주셨습니다. "나라가 임하시오며 뜻이 하늘에서 이루어진 것 같이 땅에서도 이루어지이다"(마 6:10). 그리고 실제로 이렇게 기도하셨습니다. "아버지여 만일 아버지의 뜻이거든 이 잔을 내게서 옮기시옵소서 그러나 내 원대로 마시옵고 아버지의 원대로 되기를 원하나이다"(눅 22:42)

그리스도인이란, 내 뜻보다 하나님의 뜻이 선하다고 믿는 사람입니다. 그래서 나의 뜻이 아니라 하나님의 뜻이 이루어지기를 기도하며, 하나님의 섭리 앞에서 나의 뜻을 꺾을 줄 아는 사람입니다. 이 과정을 통해 우리는 자기중심성의 굴레에서 벗어나 진정한 자유를 경험하게 됩니다.

| 삼상 2

악의적 사실과 선의의 거짓말

요나단이 사울에게 대답하되 다윗이 내게 베들레헴으로 가기를 간청하여
(삼상 20:28)

　요나단의 대답은 거짓말입니다. 사실과 다릅니다. 요나단은 십계명의 제9계명, "네 이웃에 대하여 거짓 증거하지 말라"(출 20:16) 이 말씀을 정면으로 위배하고 있습니다. 요나단의 거짓말을 어떻게 봐야 할까요?

　성경에 보면 거짓말을 해서 벌을 받은 사람도 있고, 거짓말을 해서 복을 받은 사람도 있습니다. 아나니아와 삽비라 부부는 거짓말 때문에 그 자리에서 즉사합니다(행 5). 그런데 거짓말을 한 히브리 산파들, 십브라와 부아에게는 하나님이 도리어 은혜를 베푸십니다(출 1). 기생 라합은 어떻습니까? 거짓말 덕분에 온 가족이 구원받았습니다(수 2).

　대체로 우리는 거짓말을 악하다고 봅니다. 그 이유는 거짓말의 의도에 있습니다. 사람들이 왜 거짓말을 할까요? 나 살자고 거짓말을 합니다. 거짓을 말해서 손해 봐야 한다면 사람들은 거짓말 대신 진실을 말할 것입니다.

　만약 요나단이 다윗을 죽이고자 했다면 진실을 말하면 됩니다. 간

혹 그런 사람이 있습니다. "난 틀린 말은 못해. 거짓말 못하는 성격이야." 그런 투철한 정신으로 타인을 궁지로 몰아넣습니다. 악의를 품고 퍼뜨리는 진실은 허위 사실만큼이나 나쁩니다. 우리는 그것을 정죄와 판단이라 부릅니다. 거짓말도 사람을 죽이지만 맞는 말도 사람을 죽이는 것입니다. 험담의 대부분은 사실에 의도를 섞으며 시작됩니다.

타인에게 불리한 사실을 취사선택하는 경우는 어떤가요? 잘한 일 9가지를 빼고 잘못한 일 1가지를 집중적으로 다루면, 거짓으로 꾸며낸 얘기는 없는데 결과적으로 사실과는 다른 얘기를 하게 되는 아이러니가 발생합니다. 사실만을 말하는데 그 말이 거짓말보다 더 악한 경우가 있다는 것입니다.

사탄의 학부 전공은 '거짓말'이지만 대학원에서는 '사실을 이용해서 인간을 파멸로 몰아넣는 방법론'으로 박사 학위를 받았습니다. 그는 성경 말씀을 이용해서 예수님을 시험하지 않았습니까?

성경은 단순히 '사실인가?', '사실이 아닌가?'보다 좀 더 근본적인 영역을 다룹니다. 인간의 지독한 자기중심성에 대한 이야기입니다. 사람은 거짓을 말하든 사실을 말하든 다 자기 중심적으로 말한다는 것입니다. 따라서 우리가 조심해야 할 말은 거짓이든 진실이든 나 중심적으로 뱉는 모든 말입니다.

사랑이 어떻게 허다한 죄를 덮을까요?(벧전 4:8) 자기 중심적이지 않은 것이 사랑이기 때문입니다.

| 참상 3

자기 말만 하는 인간

이들로부터 여러 나라 백성으로 나뉘어서 각기 언어와 종족과 나라대로 바닷가의 땅에 머물렀더라
(창 10:5)

한국인은 한국말을 합니다. 그런데 한국말을 한다고 모두가 같은 말을 하는 것은 아닙니다. 아무리 같은 국어를 사용하더라도, 자기 말만 한다면 소통은 이루어지지 않습니다. 기호학적 언어 체계는 소통에 필요한 최소한의 수단일 뿐, 소통의 본질은 그 너머에 있습니다. 나라가 사분오열되는 이유는 각자가 사용하는 언어가 다르기 때문입니다. 자기 말만 하기 때문입니다. 부부가 다투는 이유도 마찬가지입니다. 자기 말만 하니까 싸우는 것 아니겠습니까? 상대의 언어를 배우고 이해하기까지는 상당한 시간이 필요합니다. 상대의 언어를 구사하기 시작할 때 비로소 부부가 하나 되지 않을까요?

창세기 10장과 11장은 이러한 소통의 문제를 중심에 둡니다. 10장에는 민족이 언어와 종족, 나라로 나뉜 역사가 기록되어 있고, 11장은 그 중심에 있었던 바벨탑 사건을 설명합니다. 바벨탑 이야기는 단지 언어의 혼란만을 의미하지 않습니다. 그것은 소통의 단절을 야기한 인간의 실존을 드러냅니다. 바벨탑에서 언어가 혼잡해진 것은 표면적으로는 기호학적 체계의 혼란을 의미하지만, 그 근본적

인 원인은 자기중심성에 있습니다. 자기 입장에서 말하고, 자기 멋대로 이해하며, 자기 유리한 대로 해석하면 아무리 같은 단어, 동일한 표현을 사용하더라도 소통은 불가능합니다. 하나님의 권위에 도전하면서 서로 자기 말만 하게 된 존재, 이것이 바벨탑 사건이 보여주는 인간의 실존입니다.

예수님은 우리에게 새로운 언어를 가르쳐 주시기 위해 오셨습니다. 자기중심적 언어를 구사하는 인간에게 자기 부인의 언어를 가르쳐 주셨습니다. 사랑은 그분이 가르쳐 주신 가장 아름다운 언어입니다. 그리고 예수님은 성령을 보내주셨습니다. 성령께서 처음 이 땅에 임하신 날, 사람들의 언어가 바뀌었습니다. 그리고 새로운 공동체가 탄생했습니다. 우리는 그 공동체를 교회라고 부릅니다.

교회는 언어를 배우는 곳입니다. 예수님이 가르쳐 주신 자기 부인의 언어 말입니다. 그것은 말과 혀로는 구사하기가 어렵습니다. 행함과 진실함으로 구사해야 하는 바디 랭귀지(body language)입니다.

"자녀들아 우리가 말과 혀로만 사랑하지 말고 행함과 진실함으로 하자"(요일 3:18)

| 참상 4

자존심 상하는 일

모세가 놋뱀을 만들어 장대 위에 다니 뱀에게 물린 자가 놋뱀을 쳐다본즉 모두 살더라 (민 21:9)

놋뱀을 쳐다본 사람은 살았지만, 놋뱀을 안 본 사람은 죽었습니다. 쳐다보기만 하면 살 것을, 그걸 왜 안 봤을까요? 그깟 구리 조각 한 번 올려다보는 것이 그리도 어려웠을까요?

그런데 한 번 뒤틀리고 나면 다시 마음을 되돌리기가 산을 옮기는 것보다 힘들 때가 있습니다. 내 마음만큼 내 마음대로 안 되는 것도 없습니다. 한 번 하기 싫으면 죽어도 하기 싫어지는 게 사람의 마음이기도 합니다. 심하게 다툰 후에 "미안하다"는 말을 먼저 꺼내기가 정말 어렵습니다. 힘이 없어서 입이 안 떨어지는 게 아니라, 마음이 없어서 안 떨어집니다.

"백성이 호르 산에서 출발하여 홍해 길을 따라 에돔 땅을 우회하려 하였다가 길로 말미암아 백성의 마음이 상하니라"(민 21:4)

이스라엘 백성들은 얼마 전에 있었던 일 때문에 마음이 상할 대로 상한 상태입니다. 그깟 놋뱀, 쳐다보고 싶었을까요? 놋뱀을 쳐다본다는 것은 자기가 잘못했다는 것을 고스란히 인정해야 하는 일이었기에 고개가 안 돌아갔을 겁니다. 자존심이 상하니까, 그 쉬운 고개 한 번 돌리는 일이 그렇게 어려울 수가 없는 것입니다. 놋뱀을 쳐다본 건 자존심을 내려놓기로 결정한 사람들이었습니다.

세상에서 가장 어려운 일이 있다면, 내가 잘못했다는 것을 인정하는 일일 것입니다. 어떨 때는 잘못을 인정하는 것이 죽기보다 싫다는 생각이 들 때도 있습니다. 설령 잘못을 인정한다 하더라도 핑계와 변명거리는 밤새 이야기해도 모자랍니다. 억울한 감정은 죄인의 특징입니다.

신앙이란 믿음으로 바라본다는 뜻입니다. 십자가가 구원이라는 것을 믿고, 십자가를 바라보는 것이 신앙입니다. 자존심이 살아 있으면 십자가를 바라볼 수 없습니다. 예수님의 십자가 옆 한 강도는 십자가 가장 가까이에 있었으면서도 십자가를 바라보지 못했습니다. 자존심이 구겨지는 일에 익숙해지는 과정이 신앙생활이고, 나는 항상 틀리고 하나님은 언제나 옳다는 것이 신앙고백입니다.

내가 경건병과 의인병에 걸렸다는 것, 중증이라는 것, 이 사실을 인정하는 깊이가 날마다 더 깊어지기를, 이 사실을 시인하는 속도가 날마다 더 빨라지기를 기도합니다.

믿음의 크기는 자존심의 크기에 반비례합니다.

| 자기 밖 1

지독하게도 자기밖에 모르는 인간의 구원

어찌하여 형제의 눈 속에 있는 티는 보고 네 눈 속에 있는 들보는 깨닫지 못하느냐 너는 네 눈 속에 있는 들보를 보지 못하면서 어찌하여 형제에게 말하기를 형제여 나로 네 눈 속에 있는 티를 빼게 하라 할 수 있느냐 외식하는 자여 먼저 네 눈 속에서 들보를 빼라 그 후에야 네가 밝히 보고 형제의 눈 속에 있는 티를 빼리라
(눅 6:41-42)

다른 사람들은 다 아는데 나만 모르는 것이 있습니다. 아무도 얘기해 주지 않아서 나만 모르는 것이 있습니다. 주로 나에 대한 것입니다. 나만 모르는 내 모습이 있다는 것입니다. 나이기 때문에 모르는 내 모습에 대해 생각해 보신 적이 있으십니까?

타인을 보고 있으면 그런 것이 보입니다. 본인만 모르고 주변 사람들은 다 아는 것 말입니다. 본인의 말버릇, 본인의 습관, 본인의 태도가 주변 사람들을 어떤 식으로 아프게 하고 불편하게 하는지 본인만 모릅니다.

사람이 도둑질을 하고, 폭력을 행사하고, 이간질을 하고, 그래야만 누군가에게 피해를 끼치는 것은 아닙니다. 매사에 자기밖에 모르는 태도와 언행을 오랜 시간 견뎌야 하는 주변 사람들은 괴롭습니다.

안타까운 건 아무도 그에게 얘기해 주는 사람이 없다는 것입니다. 무서운 건 그가 없는 자리에서는 얘기한다는 것입니다. 처음에는 그에게 에둘러 얘기도 해 보고 직접적으로 말해 보기도 했을 것입니다. 그러나 알아듣지 못하는 그에게 더 이상 해 줄 말이 없는 것인지도 모르겠습니다.

그런데 성경을 보니까 나나 그나 똑같다고 적혀 있습니다. 더 나아가 내가 더 심각하다고 예수님이 말씀하십니다. **"어찌하여 형제의 눈 속에 있는 티는 보고 네 눈 속에 있는 들보는 깨닫지 못하느냐 너는 네 눈 속에 있는 들보를 보지 못하면서 어찌하여 형제에게 말하기를 형제여 나로 네 눈 속에 있는 티를 빼게 하라 할 수 있느냐 외식하는 자여 먼저 네 눈 속에서 들보를 빼라 그 후에야 네가 밝히 보고 형제의 눈 속에 있는 티를 빼리라"(눅 6:41-42)**

간혹 타인에게서 티를 찾다가 자기 눈 속의 들보를 발견하는 경우도 있긴 합니다만, 자기 눈의 들보는 무해하고, 타인의 눈 속 티에는 유해 성분이 포함되어 있다고 생각하는 게 인간의 지독한 자기중심성입니다. 우리는 절대 내 눈의 들보 문제를 스스로 해결할 수 없습니다.

그래서 예수님이 십자가에 못 박히셨습니다. 자기밖에 모르는 인간들 때문에 예수님은 십자가를 지셨고, 자기밖에 모르는 인간을 자기 바깥으로 꺼내 주시기 위해 십자가를 지셨습니다.

"예수께서 이르시되 아버지 저들을 사하여 주옵소서 자기들이 하

는 것을 알지 못함이니이다"(눅 23:34) 자신이 무슨 짓을 하고 있는지 모르는 게 인간입니다. 그리고 그것을 아시는 분이 하나님이십니다. 따라서 내 들보의 문제는 하나님의 용납과 은혜 안에서만 해결될 수 있습니다. 은혜 없이 스스로 들보를 빼도 문제입니다. 스스로의 힘으로 들보를 해결하지 못하는 다른 사람의 티를 지적하게 될 것이기 때문입니다.

내 눈 속에 들보가 있다는 것을 알아서
얼마나 다행인지 모릅니다.

| 자기 밖 2

사랑만으로 충분한 이유

내 사랑하는 자는 내게 속하였고 나는 그에게 속하였도다
(아 2:16)

아가서는 남녀 사이의 연애편지입니다. 하나님에 관한 언급이 단 한 번도 나오지 않는, 그저 사랑 타령뿐인 책입니다. 그런 연애편지가 왜 성경에 실려 있을까요?

"원래 내 삶의 중심은 나였었는데 한 순간에 순위가 바뀌어 버렸네" 어느 걸그룹 노래 중에 나오는 가사의 한 대목입니다. 지독하게 이기적인 사람이라도 사랑을 하는 순간만큼은 덜 이기적이 된다는 것입니다. 사랑의 이런 속성은 시대와 문화와 종교를 떠나 세상 모든 사람들이 다 느끼는 것입니다.

사랑할 때만큼은 사람이 자기중심적이지 않을 수 있습니다. 물론 사람의 사랑이란 게 중간에 변질되기도 하고 식기도 하지만, 순수하게 사랑했던 시간 동안 우리는 자기중심성을 초월하는 경험을 합니다. 다 주고 싶고, 더 주고 싶고, 내가 손해를 봐서라도 사랑하는 사람을 위하고 싶어집니다.

언제나 나 자신이 중요했던 내가 나보다 더 중요한 대상에게 몰입

할 때 느끼는 말로 다 할 수 없는 감격은 인생에 있어서 가장 값진 경험입니다. 그래서 누구나 뜨겁게 사랑했던 순간을 추억하고 그리워합니다. 누구나가 갖고 있는 사랑에 대한 그리움은 인간 실존이 가지고 있는 하나님에 대한 그리움 또는 갈망이라 말할 수 있습니다.

사랑이란 내 속에 내가 너무도 많은 내가, 나 아닌 존재를 내 안에 가득 채우는 일입니다. 아가서를 쓴 솔로몬은 그 이야기를 하고 있습니다.

"내 사랑하는 자는 내게 속하였고 나는 그에게 속하였도다"(아 2:16)

하나님은 종교적 용어를 탁월하게 사용한다고 해서 설명할 수 있는 분이 아닙니다. 하나님이 정말 만유의 주재라면 종교적 단어를 모두 빼고도 하나님에 대해 말할 수 있어야 하지 않을까요? 하나님이 우리의 모든 일상을 간섭하시는 분이시라면 특정한 교회 용어가 아니라 일상의 언어로도 충분히 하나님에 대해 말할 수 있어야 한다는 것입니다.

"하나님은 사랑이시라"(요일 4:8)

신약에 등장하는 하나님에 대한 유일한 정의입니다. 하나님이 사랑이시라면 우리는 사랑하는 것만으로도 하나님을 느끼고 하나님을 누리고 하나님을 증언하기에 부족함이 없습니다.

"너희가 서로 사랑하면 이로써 모든 사람이 너희가 내 제자인 줄 알리라"(요 13:35)

하나님은 사랑이십니다.

"여호와 나의 하나님이여 주께서 행하신 기적이 많고 우리를 향하신 주의 생각도 많아 누구도 주와 견줄 수가 없나이다 내가 널리 알려 말하고자 하나 너무 많아 그 수를 셀 수도 없나이다"
(시 40:5)

5장
매일 내리던 만나가 그치다

위로
회복
사랑
용납
기억
관계
은혜

| 위로 1

고단한 하루의 끝에

유두고라 하는 청년이 창에 걸터앉아 있다가 깊이 졸더니 바울이 강론하기를 더 오래 하매 졸음을 이기지 못하여 삼 층에서 떨어지거늘 일으켜 보니 죽었는지라
(행 20:9)

    유두고는 당시에 노예들이 많이 쓰던 이름이었습니다. 이름의 뜻은 행복입니다. 우리나라식으로 바꾸자면 조선시대 부잣집에서 종살이하던 '복돌이', '복덩이' 정도라고 할 수 있습니다.

    노예에게 시간적 자유가 있었을까요? 남들은 바울 사도가 와서 부흥회를 한다는 소식에 집회 시간에 맞추어 일찍들 퇴근했겠지만, 아마 그는 주인의 눈치를 보느라, 그리고 주인의 허락이 떨어지길 기다리느라 속이 탔을 것입니다. 하필 그날따라 주인이 시킨 일이 평소보다 더 많았는지도 모르겠습니다.

    다 끝내려면 예배 시간에 늦을 텐데, 먹고사는 게 뭔지, 목구멍이 포도청인데 어떻게 합니까? 그렇게 가까스로 일을 마치고 부랴부랴 달려온 예배의 자리였습니다. 도착해 보니 바울 선생님의 설교는 한창이었고 다락방은 이미 만석입니다. 앉을 곳이라고는 창틀이 전부였습니다. 어쩌면 그에게는 편안한 안쪽 자리보다는 창틀 같은 곳이 더 익숙했는지도 모릅니다. 편안한 자리는 늘 주인의 자리였으니까 말입니다.

오늘 하루 일이 굉장히 고되었던 모양입니다. 창틀에 앉아 있는데 졸음이 몰려옵니다. 얼마나 졸았을까. 어느 순간 자신의 몸이 공중에 부웅 떠버린 것을 느꼈을 때, 그에게는 어떤 감정들이 스쳐 지나갔을까요.

오늘 이곳에서 말씀을 전하는 바울, 그에게도 생업이 있었습니다. 천막을 제작하는 일이었습니다. 어떤 날은 납품 기한을 맞추기 위해 온종일 천막 만드는 일에 매달렸을 겁니다.

바울이 열심히 강론하고 있는데, 다락방 안으로 불쑥 들어온 한 청년의 얼굴에 고단함이 잔뜩 묻어 있습니다. 창틀에 걸터앉아 꾸벅꾸벅 조는 청년을 바울은 어떤 마음으로 보았을까요? 그리고 그 예배의 자리에 임재하신 하나님의 마음은 무엇이었을까요?

"사람들이 살아난 청년을 데리고 가서 적지 않게 위로를 받았더라"(행 20:12)

이제 곧 성도들과 작별하고 먼 길을 떠나야 하는 바울에게도, 바울을 떠나보낸 후 삶의 자리에 남겨져 계속해서 일상을 견뎌야 하는 드로아 성도들에게도, 매일의 고단함과 싸워야 하는 한 청년에게도 가장 필요했던 것은 위로였는지도 모르겠습니다. 하늘로부터 오는 위로 말입니다. 교회 공동체에서 일어나지 않았으면 하는 사고가 발생했지만, 하나님은 그 일을 통해 모두가 함께 누릴 위로를 허락하셨습니다.

| 위로 2

위로를 원하지 않는 슬픔

여호와께서 이와 같이 말씀하시니라 라마에서 슬퍼하며 통곡하는 소리가 들리니 라헬이 그 자식 때문에 애곡하는 것이라 그가 자식이 없어져서 위로 받기를 거절하는도다 (렘 31:15)

위로를 한다고 다 위로가 되는 것은 아닙니다. 진심이 묻어나오지 않는 위로도 위로가 안 되지만, 진심 어린 위로라도 극도의 슬픔을 겪고 있는 사람에게는 소용이 없을 때가 있습니다.

예전에 어느 장례식에 참석한 적이 있습니다. 빈소에는 스무 살 딸을 잃은 부모가 망연자실하게 앉아 계셨습니다. 아침에 웃으며 인사 나누었던 딸이 교통사고로 부모의 곁을 떠난 것입니다. 위로 예배를 드리려는데 고인의 아버지가 저희를 향해 애원하셨습니다. "제발 예배드리지 말아 주십시오. 위로 예배 말고, 그냥 우리 딸을 살려 주십시오. 우리 딸 살려 달라고 하나님께 기도해 주세요."

아버지에게는 딸의 장례 예배가 마치 딸의 사망을 또 한 번 확정 짓는 절차로 느껴졌던 것이 아니었을까요? 사람들의 위로를 받아 버리면 내가 처한 이 현실을 인정하는 꼴이 되는 것이니까, 위로받기조차 거절하고 싶은 것입니다. 딸이 사망한 첫째 날, 이 아버지에게 필요한 것은 위로가 아니라 시간이었습니다. 3일장을 다 마치고 딸의 유골을 안고 집에 돌아와서야 아버지는 딸을 마음에서 놓아주는 용기를 내었습니다.

"여호와께서 이와 같이 말씀하시니라 라마에서 슬퍼하며 통곡하는 소리가 들리니 라헬이 그 자식 때문에 애곡하는 것이라 그가 자식이 없어져서 위로 받기를 거절하는도다"(렘 31:15)

이스라엘이 당한 슬픔은 자식 잃은 부모의 심정과 견줄 만큼 극심했습니다. 위로받기를 거절하는 슬픔이었습니다. 양동이의 물로는 가뭄을 해결할 수 없듯, 속을 모조리 태우고도 남을 절망은 사람이 위로할 수 있는 것이 아닙니다. 하늘이 열리고 비가 내려야 합니다.

슬픔은 영혼에 찾아온 가뭄입니다. 하늘 위에서 내려와서 내 영혼의 그윽이 깊은 곳까지 흘러 들어오는 은혜만이 그 가뭄을 해결할 수 있습니다.

"찬송하리로다 그는 우리 주 예수 그리스도의 하나님이시요 자비의 아버지시요 모든 위로의 하나님이시며 우리의 모든 환난 중에서 우리를 위로하사 우리로 하여금 하나님께 받는 위로로써 모든 환난 중에 있는 자들을 능히 위로하게 하시는 이시로다"(고후 1:3-4)

| 회복 1

너희가 내 손에 있느니라

진흙으로 만든 그릇이 토기장이의 손에서 터지매 그가 그것으로 자기 의견에 좋은 대로 다른 그릇을 만들더라
(렘 18:4)

그릇은 금이 가기도 하고 잘 깨지기도 합니다. 사람들 사이에서 달그닥거리며 살다 보면 어느새 금이 가고 깨지는 우리와 참 많이 닮았습니다. 이런저런 말을 듣거나 누군가와 한 번 부딪히기라도 하면 금세 마음에 금이 갑니다. 때로는 별것 아닌 일에도 쩍 하고 갈라졌다가 와장창 깨질 때도 있습니다.

그런데 하나님은 깨어진 이 조각, 저 조각을 하나하나 모아다가 새로운 그릇을 만드십니다. 조각난 파편들을 수습하십니다.

"진흙으로 만든 그릇이 토기장이의 손에서 터지매 그가 그것으로 자기 의견에 좋은 대로 다른 그릇을 만들더라"(렘 18:4)

야곱의 가정을 기억하십니까? 형들이 동생을 팔아버린 사건으로 아버지의 마음이 산산조각 났습니다. 형제들 관계에 금이 갔습니다. 요셉의 인생도 파편화되었습니다. 그런데 하나님께서 그 조각들과 파편들을 모아다가 전혀 생각지도 못했던 모양의 그릇을 만

들어 가기 시작하십니다.

 그분의 손이 함께하고 있다면 좀 깨지고 금이 가도 괜찮지 않을까요? 심지어 하나님은 일부러 깨뜨리기도 하십니다. 토기장이의 아이디어와 기획을 그릇이 어떻게 다 헤아리겠습니까? 그저 창조주의 손이 나를 만지며 빚고 있다는 것이 다행이고 감사할 뿐입니다.

 "진흙이 토기장이의 손에 있음 같이 너희가 내 손에 있느니라"(렘 18:6)

 그렇습니다. 우리가 주님의 손에 있습니다. 깨져도 주님 손에 있고, 금이 가도 주님 손에 있습니다. 그 손이 나를 깨뜨려도 주님 손이기에 괜찮습니다. 하나님은 도대체 무엇을 담으시려고 우리의 인생을 그렇게 아프게 깨뜨리셨다가 다시 빚으실까요?

 "우리가 이 보배를 질그릇에 가졌으니 이는 심히 큰 능력은 하나님께 있고 우리에게 있지 아니함을 알게 하려 함이라"(고후 4:7)

주님 손이기에 괜찮습니다.

| 회복 2

CPR하시는 하나님

주 여호와께서 이 뼈들에게 이같이 말씀하시기를 내가 생기를 너희에게 들어가게 하리니 너희가 살아나리라
(겔 37:5)

생사 여부를 알기 위해 가장 먼저 확인하는 것은 호흡입니다. 숨 쉬고 있으면 살아 있는 것이고, 숨을 안 쉬면 죽은 것입니다. 하나님은 사람이 숨을 쉬어야 살 수 있도록 만들어 두셨습니다. 숨을 쉼과 동시에 생이 시작하며, 들이쉰 숨을 내쉬지 못하면 생을 마감하는 것입니다.

그런데 숨을 쉰다고 해서 다 똑같은 숨은 아닙니다. 잠잘 때의 호흡이 있고, 달릴 때의 호흡이 있습니다. 낙심이 되어서 쉬는 깊은 한숨, 기진맥진한 채 가까스로 내쉬는 옅은 숨, 버거운 인생을 짊어지고 가쁘게 몰아쉬는 숨, 모든 문제가 해결되고 비로소 쉬게 되는 안도의 한숨, 다 다른 숨입니다. 어떤 인생을 살고 있는지가 숨소리에 묻어 있습니다.

어떤 숨을 쉬는가뿐일까요? 무엇을 숨 쉬는가도 중요합니다. 사람들이 마스크를 챙기는 이유이기도 합니다. 마시고 싶지 않은 것이 있기 때문입니다.

"여호와 하나님이 땅의 흙으로 사람을 지으시고 생기를 그 코에 불어넣으시니 사람이 생령이 되니라"(창 2:7)

호흡이란 생명 현상에서 가장 본질적인 것입니다. 학창 시절 체력장에서 장거리 달리기가 늘 힘들었던 이유는 힘이나 근력이 딸려서가 아니었습니다. 숨이 차서 힘들었습니다. 인생을 마라톤이라고 한다면 그 성패가 힘이나 돈에 달려 있는 게 아니라 호흡에 달려 있는 것입니다.

에스겔은 심폐 기능이 정지된 마른 뼈들을 향해 CPR을 실시하는 하나님을 만났습니다. 생기를 들이쉬면 마른 뼈들도 군대가 됩니다.

이 시대가 위기를 맞은 건 돈과 기술이 부족해서가 아닙니다. 지식과 정보가 없어서도 아닙니다. 들이쉬어야 할 생기를 잃어버린 것입니다.

"그들을 향하사 숨을 내쉬며 이르시되 성령을 받으라"(요 20:22)

성령을 호흡해야 생령답게 삽니다.

계절이 바뀔 때면 공기가 달라집니다. 가을바람이 불면 사람들의 옷차림도, 마음가짐도, 생활 패턴도 여름과는 달라지곤 합니다. 공기 하나만 바뀌어도 많은 것이 달라지는데, 우리 인생에 생기가 불어오면 어떨까요?

| 사랑 1

하나님의 편애

너희 중에 어떤 사람이 양 백 마리가 있는데 그 중의 하나를 잃으면 아흔아홉 마리를 들에 두고 그 잃은 것을 찾아내기까지 찾아다니지 아니하겠느냐
(눅 15:4)

이러한 목자의 행동에 아흔아홉 마리의 양은 몹시 불편할 수 있습니다. "잃어버린 양은 소중하고 남아 있는 양은 소중하지 않은가?", "자기 멋대로 무리를 이탈한 하나를 위해 왜 우리가 이렇게 위험 속에 남겨져야 하는가?"라는 불만을 품는 양들도 있었을 것입니다. 하나를 위해 아흔아홉을 방치하는 것은 불합리합니다. 더 많은 숫자의 양이 안전을 보장받는 것이 효율적이지 않습니까? 목자는 왜 한 마리를 찾아 떠나는 무모한 결정을 했을까요?

이 불편함은 뒤이어 나오는 탕자의 비유에서도 계속됩니다. 큰아들은 아버지의 행동을 이해할 수 없었습니다. 그는 아버지의 태도가 몹시 기분 나빴습니다. "내가 여러 해 동안 아버지를 섬겼지만, 내게는 염소 새끼 한 마리도 주지 않으셨으면서, 재산을 탕진하고 돌아온 동생에게는 어떻게 잔치를 베풀어줄 수 있습니까?"라며 항의합니다.

우리에게도 비슷한 의문이 있을 수 있습니다. "그러면 우리는 뭐

냐?"는 것입니다. 아무리 생각해도 하나를 위해 아흔아홉을 버려두거나, 재산을 탕진한 아들에게 잔치를 베푸는 일은 불공평한 것이 분명합니다.

그러나 우리는 종종 가장 중요한 것을 망각합니다. 나도 원래 길을 잃은 양이었다는 사실입니다. 내가 바로 그 잃어버린 한 마리였음을 우리는 종종 잊습니다. 모든 위험을 무릅쓰고 나를 찾아 나섰던 목자의 그 사랑, 그 무모한 집념을 우리는 잊고 살아갑니다.

나에게 주어진 구원은 효율성을 계산한 결과나 합리성을 고려한 하나님의 선물이 아닙니다. 구원은 하나님의 불공평한 사랑, 효율과 합리의 기준에서는 도무지 이해할 수 없는 사랑의 허비 덕분에 이루어진 것입니다. 하나님은 나 하나를 구원하시고자 시간을 허비하시고 열심을 허비하시고 사랑을 허비하셨습니다. 십자가 위에서 독생자를 버리신 하나님의 극단적인 편애가 바로 그 사랑의 본질입니다.

**십자가에서 드러난 하나님의 극단적인 편애,
그것이 사랑의 본질입니다.**

| 사랑 2

버려진 자를 거두시다

아무도 너를 돌보아 이 중에 한 가지라도 네게 행하여 너를 불쌍히 여긴 자가 없었으므로 네가 나던 날에 네 몸이 천하게 여겨져 네가 들에 버려졌느니라
(겔 16:5)

서로 잘 몰라서 시작 가능한 것이 연애입니다. 상대를 아직 다 모르기 때문에 결정 가능한 것이 결혼입니다. 만약 내 머릿속을 오가는 오만 가지 생각과 내 마음속에서 요동치는 순간순간의 감정이 내 프로필에 모두 적혀 있다면 나를 감당할 수 있는 사람이 과연 누가 있을까요?

부부가 같이 살면서 순간순간 엿보이는 상대의 실체에 실망하고, 나도 몰랐던 내 본색에 좌절하는 시간이 어느 가정에게나 있습니다. **"만물보다 거짓되고 심히 부패한 것은 마음이라 누가 능히 이를 알리요마는"**(렘 17:9) 누구도 알기 힘든 그것을 부부는 서로 알아갑니다. 그래서 사랑인 줄 착각하고 시작해서 진짜 사랑이 무엇인지 배워 가는 과정이 결혼이 아닌가 싶습니다.

하나님과 우리와의 관계는 어떻게 시작되었을까요? 우리는 사랑할 만해야 사랑을 시작하지만 하나님은 사랑 먼저 시작해서 우리를 사랑할 만한 존재로 만들어 가십니다. 사랑스럽지 않은 존재를

사랑하고 또 사랑하고 끝까지 사랑해서 사랑스러운 존재가 되게 하십니다.

실상을 알고 나면 모두가 피하고 싶은 존재가 나입니다. 에스겔 16장 5절의 말씀처럼 들에 버려져도 할 말이 없는 사람입니다. 그런데 사랑할 만한 구석 하나 없는 나를 하나님이 먼저 사랑하셨습니다. 원수를 사랑하셔서 친구 삼으시며, 배신할 것을 알면서도 손을 내밀어 주셨습니다. 에덴의 중앙에 선악을 알게 하는 나무를 두시고는 하나님을 거역할 수도 있는 무한한 자유까지 허락하셨습니다.

그것이 우리가 받은 사랑의 깊이와 넓이입니다.

"의인을 위하여 죽는 자가 쉽지 않고 선인을 위하여 용감히 죽는 자가 혹 있거니와 우리가 아직 죄인 되었을 때에 그리스도께서 우리를 위하여 죽으심으로 하나님께서 우리에 대한 자기의 사랑을 확증하셨느니라"(롬 5:7-8)

인생은 내가 이 사랑을 받았다는 사실을 깨달은 순간 전과 후로 나뉩니다. 사람은 이 사실을 아는 사람과 모르는 사람으로 나뉩니다.

내가 어떤 인간인지 다 알고도
사랑한 분은 주님뿐입니다.

| 사랑 3

하나님은 사랑이심이라

사랑하는 자들아 우리가 서로 사랑하자 사랑은 하나님께 속한 것이니 사랑하는 자마다 하나님으로부터 나서 하나님을 알고 사랑하지 아니하는 자는 하나님을 알지 못하나니 이는 하나님은 사랑이심이라
(요일 4:7-8)

사람이 가장 아름다운 순간은 사랑할 때입니다. 심지어 악인도 사랑하는 순간에는 아름다워 보입니다. 사람이 사랑하는 순간에 가장 아름다운 것은 하나님이 사랑이시기 때문입니다. 우리는 사랑하는 순간에 하나님 그 자체를 경험한다는 것입니다.

사랑하면 나밖에 모르는 사람이 나를 잊어버립니다. 너에게 빠짐으로 나로부터 빠져나오는 신비한 현상이 사랑입니다. 이것은 구원받는 것과 가장 유사한 감격입니다.

"사랑은 여기 있으니 우리가 하나님을 사랑한 것이 아니요 하나님이 우리를 사랑하사 우리 죄를 속하기 위하여 화목제물로 그 아들을 보내셨음이라"(요일 4:10)

우리는 하나님의 첫사랑입니다. 그 사랑의 시작은 짝사랑이었습니다. 하나님이 먼저 우리를 사랑하셨습니다. 사람에게 충분한 사랑을 받아도 삶이 바뀌는데, 하나님의 사랑에 응답하는 인생은 어

떻게 되겠습니까? 구원받는 것입니다.

구원은 해탈과 같은 종교적 경지가 아닙니다. 사랑 그 자체이신 존재와 인격적 관계를 맺게 되는 사건입니다. 그래서 종교 행위를 통해 하나님과 더 가까워질 수 있다는 것은 대단한 착각입니다.

"누구든지 하나님을 사랑하노라 하고 그 형제를 미워하면 이는 거짓말하는 자니 보는 바 그 형제를 사랑하지 아니하는 자는 보지 못하는 바 하나님을 사랑할 수 없느니라 우리가 이 계명을 주께 받았나니 하나님을 사랑하는 자는 또한 그 형제를 사랑할지니라"
(요일 4:20-21)

만약 이웃에게 피해를 주면서도 우리의 종교 행위를 강행하며 하나님을 사랑한다고 말하면 그것은 거짓말입니다. 형제를 사랑하지 않으면서 하나님을 사랑한다고 하는 모든 행위는 전부 위선입니다.

자녀가 부모에게 지극정성일 때 부모는 그게 기쁘긴 하겠지만, 그것보다는 형제자매끼리 서로 사랑하는 것이 부모에게는 더 큰 기쁨입니다. 하나님 아버지의 마음도 이와 비슷하지 않겠습니까? 예수님께서는 예물을 하나님께 드리다가 형제와 다툰 일이 생각나거든 예배를 멈추고 가서 형제와 화해한 후에 예배를 드리라고 하셨습니다. 형제자매가 서로 사랑하는 것, 그것이 하나님 아버지를 향한 최고의 예배입니다.

| 용납 1

유다가 내민 오리발

저녁 잡수시던 자리에서 일어나 겉옷을 벗고 수건을 가져다가 허리에 두르시고 이에 대야에 물을 떠서 제자들의 발을 씻으시고 그 두르신 수건으로 닦기를 시작하여
(요 13:4-5)

유월절 식사를 마치신 예수님은 제자들의 발을 하나하나 씻어주십니다. 자신의 더러운 발에 닿는 스승의 손길이 제자들에게 어떤 느낌이었을까요? 각자 느끼는 바가 다 똑같지는 않았을 것입니다.

그 자리에는 가룟 유다도 있었습니다. 배신할 사람, 아니 이미 배신을 결정하고 그 자리에 앉아 있는 가룟 유다의 발도 예수님은 씻겨주셨습니다. 자신의 발 앞에 무릎을 꿇고 자신의 마음만큼이나 더러운 발을 정성스레 씻으시는 예수님을 가룟 유다는 어떤 눈빛으로 바라보았을까요?

물로 대강 헹구는 것이 아니라면 한 사람의 두 발을 모두 씻는 데 짧지 않은 시간이 필요합니다. 그 시간 동안 예수님도 아무 말씀이 없으시고, 가룟 유다도 아무 말이 없습니다. 만약 유다가 그 자리에서 베드로처럼 무슨 말이라도 했었다면 자신의 마음을 돌려놓는 한 마디를 듣게 되었을지도 모르겠습니다.

가만히 있으면 중간이라도 간다는 말이 있습니다. 베드로는 가만히 있지 않아서 예수님으로부터 자주 지적받았습니다. 하지만 베드로가 가만히 있었다면 자기 체면은 유지할 수 있었겠지만 주님의 진심이 무엇인지 알 수는 없었을 겁니다. 유다도 가만히 있지 말고 무슨 말이라도 했더라면 좋았을 텐데, 유다는 끝까지 자신의 속내를 들키려 하지 않습니다.

주님 앞에서 말 실수란 없습니다. 오히려 말 없는 것이 가장 큰 실수입니다. 이미 다 알고 계시는 주님 앞에서 맘을 들키지 않으려 말을 하지 않는 것만큼 큰 실수가 어디 있을까요? 우리 발이 더러운 게 당연하듯 우리 마음이 깨끗하지 못한 건 당연합니다. 발을 내밀 때 마음도 함께 내밀어야 합니다. 더럽다고 가리는 게 능사가 아닙니다.

유다는 끝까지 마음을 내밀지 않습니다. 주님이 씻어 주고 싶으셨던 건 그저 발만이 아니었을 텐데요. 다른 마음을 먹은 유다는 오리발을 내밀고는 결국 예수님을 팔고 맙니다.

오늘도 내 더러운 발과
부끄러운 마음을 주님께 내밉니다.

| 용납 2

무엇이 믿음인가?

또 여호와께서 모세에게 이르시되 너는 네 조상과 함께 누우려니와 이 백성은 그 땅으로 들어가 음란히 그 땅의 이방 신들을 따르며 일어날 것이요 나를 버리고 내가 그들과 맺은 언약을 어길 것이라

(신 31:16)

하나님은 알고 계셨습니다. 이스라엘 민족이 가나안 땅에 들어가서 또다시 하나님을 버릴 것을 말입니다. 그들은 광야에서 40년 동안 하나님과의 약속을 지키는 법을 훈련받았습니다. 그러나 환경이 바뀌면 흔들리고, 당장의 유혹 앞에서는 과거의 결단을 쉽게 잊어버리는 것이 인간입니다. 가나안 땅에 들어간 지 얼마 되지 않아 그들은 변질되기 시작합니다.

'사람 고쳐 쓰는 것 아니다'라는 말이 있을 정도로, 지독하게도 안 변하는 것이 사람입니다. 인간의 죄성은 쉽게 뿌리 뽑히지 않는다는 것을 사람 스스로도 알지만, 하나님도 잘 아셨습니다. 이스라엘 백성들이 가나안 땅에 들어간 이후, 얼마 되지 않아 하나님과의 언약을 깨뜨리는 것이 불 보듯 뻔한 일이라고 말씀하십니다.

출애굽 1세대가 다 죽고 세대 교체가 완벽하게 되었습니다. 가나안을 눈앞에 둔 그들의 각오는 40년 전 부모들과 사뭇 달랐습니

다. 하지만 달라진 것 같아 보였을 뿐, 본질은 달라지지 않았다는 것이 하나님의 판단입니다.

다시는 안 그러겠다고 회개하고 나서 언제 그랬냐는 듯 적반하장하는 것이 인간 아닐까요? 우리에게는 어떤 결단과 의지도 영원히 지속시킬 힘이 없습니다. 뼈저리는 후회와 뜨거운 눈물로 회개해 보지만, 유효 기간이 그리 길지 않다는 것, 나도 알고 하나님도 아십니다.

그런데 하나님은 내가 다시 돌아설 것을 아시면서도 또다시 기회를 주십니다. 배신할 것을 아시면서도 또 한 번 믿어 주십니다. 얼마 안 가서 들켜버릴, '다시는 안 그러겠다'는 진심 어린 거짓말을 믿어 주신다는 것입니다.

무엇이 믿음일까요? 우리가 하나님을 믿는다고 하는 것은 믿음이 아닐지도 모릅니다. 하나님은 믿음 없는 우리에게 무엇이 믿음인지를 직접 보여주셨습니다. 우리가 하나님을 믿는 믿음보다 하나님이 우리를 믿어 주시는 믿음이 훨씬 컸습니다. 신실하지 못한 우리에게 하나님은 언제나 신실하셨습니다. 내가 하나님을 믿는 줄 알았는데 하나님이 나를 믿어 주고 계셨습니다. 그 분의 신실하심이 우리에게는 구원이 되었습니다. 그런데도 하나님은 '네 믿음이 너를 구원했다'며, 보잘것없는 우의 믿음에 후한 점수를 주시고는 합니다. 이런 분이 어디 있을까요? 정말 주님과 같은 분은 없습니다.

| 기억 1

생각하고 기억하며 살다

당신들이 마음속으로 '이 재물은 내 능력과 내 손의 힘으로 모은 것이라'고 생각할 것 같아서 걱정이 됩니다. 그러나 주 당신들의 하나님이, 당신들의 조상에게 맹세하신 그 언약을 이루시려고 오늘 이렇게 재산을 모으도록 당신들에게 힘을 주셨음을, 당신들은 기억해야 합니다.
(신 8:17-18, 새번역 성경)

'마니또'라는 게임이 있습니다. 제비를 뽑아서 내가 챙겨야 할 친구를 정하고, 정해진 기간 동안 그 친구를 계속 챙기는 게임입니다. 이 게임의 핵심은 들키지 않게, 티가 나지 않게, 상대를 몰래 돕고 챙기는 것입니다. 마니또 게임의 하이라이트는 마니또를 공개하는 순간입니다. 나를 챙겨 준 마니또의 정체가 공개되고 나면 "그럴 줄 알았다"느니, "정말 몰랐다"느니 하는 다양한 반응이 곳곳에서 터져 나옵니다.

이때 참가자 대부분에게 나타나는 재미난 현상이 하나 있습니다. 내가 상대방에게 베푼 호의는 정확하게 기억하는데, 상대방이 나에게 베푼 호의는 곰곰이 생각해야 알게 된다는 것입니다. 심지어는 아예 인식조차 못 했던 것도 있다는 것을 알게 됩니다.

살아가다 보면 하나님이 마치 마니또처럼 우리 곁에 계실 때가 꽤 자주 있는 것 같습니다. 도움이 필요한 적절한 타이밍에서 정체를 드러내지 않으시고 당신의 자녀들을 챙기십니다. 그런데 문제는 내가 그것을 인식하지 못하고 살 때가 많다는 것입니다.

신명기 8장 11절 이하를 보면, 모세가 출애굽 2세대를 향해 등 따습고 배부를 때 그런 축복이 어디로부터 비롯된 것인지를 기억해야 한다고 말하고 있습니다.

"당신들이 마음속으로 '이 재물은 내 능력과 내 손의 힘으로 모은 것이라'고 생각할 것 같아서 걱정이 됩니다. 그러나 주 당신들의 하나님이, 당신들의 조상에게 맹세하신 그 언약을 이루시려고 오늘 이렇게 재산을 모으도록 당신들에게 힘을 주셨음을, 당신들은 기억해야 합니다."(신 8:17-18, 새번역 성경)

하나님이 선물로 주신 것인데 내가 잘해서 받은 보상이라고 착각할 때가 많습니다. 내가 드린 것은 잘 기억하면서도, 하나님이 주신 것은 잘 기억하지 못합니다. 내가 얼마나 애쓰고 있는지는 하나님이 알아주시기를 원하는데, 하나님이 얼마나 신실하게 일하시며 내가 그 덕을 얼마나 많이 보고 있는지에 대한 이해는 그다지 깊지 않은 것이 우리의 실상입니다.

신명기 전반에서 거듭 등장하는 메시지는 "기억하며 살자"는 것입니다. "생각하고 살자"는 것입니다. 나는 무엇을 기억하는가? 생각해 봅니다.

| 기억 2

하나님이 나를 잊으셨을까?

오직 시온이 이르기를 여호와께서 나를 버리시며 주께서 나를 잊으셨다 하였거니와
(사 49:14)

   절망의 끝에 선 사람들은 '신이 나를 버렸다'는 생각을 하곤 합니다. 예수님도 십자가 위에서 하나님으로부터 버림받은 느낌이었습니다. '엘리 엘리 라마 사박다니' 곧 "나의 하나님, 나의 하나님, 어찌하여 나를 버리시나이까?"라고 부르짖으셨습니다.

   다윗도 전쟁에서 패한 후에 하나님이 어떻게 우리를 버릴 수가 있냐고 따졌습니다. '신으로부터 버림받았다'는 말은 인간의 가장 절망스럽고 고통스러운 마음을 대변하는 표현입니다. 심지어 신을 믿지 않는 사람들도 신이 나를 버렸다고 말할 때가 있습니다.

   이사야 49장에도 그런 표현이 나옵니다. **"오직 시온이 이르기를 여호와께서 나를 버리시며 주께서 나를 잊으셨다 하였거니와"** (사 49:14)

   이스라엘 백성들은 더 이상 자신들에게 가능성 따위는 없을 것이라는 판단이 섰던 것 같습니다. 예루살렘 성전이 무너지는 광경이야말로 하나님이 자신들을 버렸다는 가장 확실한 증거였습니다.

그런데 적반하장도 유분수입니다. 본인들이 하나님을 잊어버리고 산 세월은 이루 말할 수가 없기 때문입니다. 조금 살만하면 이내 하나님을 잊어버리는 것이 습관처럼 몸에 배었습니다. 광야에서도, 가나안 입성 후에도, 왕조 시대 이후에도 먼저 버리는 쪽은 늘 이스라엘이었습니다.

우리는 삶이 조금만 힘겨워도 하나님이 나를 잊으셨나 의심하면서, 내가 하나님을 잊고 사는 시간은 잘 헤아리지 못합니다. 자녀로부터 버림받은 부모의 고통에 대해서는 생각해 보셨습니까? 이스라엘이 하나님으로부터 등을 돌릴 때마다 하나님 아버지가 느꼈던 고통입니다.

그러나 하나님의 입장은 분명합니다. "여인이 어찌 그 젖 먹는 자식을 잊겠으며 자기 태에서 난 아들을 긍휼히 여기지 않겠느냐 그들은 혹시 잊을지라도 나는 너를 잊지 아니할 것이라 내가 너를 손바닥에 새겼고 너의 성벽이 항상 내 앞에 있나니"(사 49:15-16)

단 한 번도 우리를 잊은 적이 없으신 하나님입니다. 평생 잊어버리고 싶지 않은 글귀나 이름을 신체의 일부에 새겨 넣는 사람들이 있습니다. 하나님 아버지는 당신의 손바닥에 우리를 새기셨습니다.

하나님의 손바닥에 우리의 이름이 새겨졌습니다.

| 관계 1

사역하다 지치는 이유

너희를 불러 그의 아들 예수 그리스도 우리 주와 더불어 교제하게 하시는 하나님은 미쁘시도다
(고전 1:9)

하나님이 우리를 왜 부르셨을까요? 그리스도와의 연합을 위해 부르셨습니다. 써먹기 위해서가 아니라 교제하기 위해 부르셨다는 것입니다. 사역보다 사랑을 위해 부르셨습니다. 쓰임 받는 것보다 더 중요한 것은 사랑받는 것입니다. 꼭 일이 있어야 부른다면, 그건 알바 모집이 아닐까요?

세상은 일이 있어야 부릅니다. 그리고 쓸모를 고려해서 부릅니다. 쓸모가 없으면 부르지 않습니다. "그가 나에게 얼마나 쓸모 있는가?", "나는 그에게 얼마나 쓸모 있는가?" 이것이 인간의 가치를 평가하는 세상의 기준이 아닌가요? 소위 '몸값'이라고 하는 것입니다.

하나님 나라에 할 일이 있는 것은 분명합니다. 하지만 오전 9시에도 사람을 부르시고, 오후 5시에도 사람을 부르셔서 일을 시키시고는 똑같은 일당을 주시는 분이 하나님이십니다(마 20). 효용 가치나 쓸모에 따라 사람의 가치를 평가하지 않으신다는 것입니다.

부모는 아이가 태어나 준 것만으로도 기뻐하지만, 사장은 이익을 가져다주어야 기뻐합니다. 아이가 자라면 인간 부모는 점점 사장같이 변하기도 하지만, 하나님은 변개치 않으시고 끝까지 아버지가 되어 주십니다. 그래서 우리는 하나님을 안심하고 아버지라고 부를 수 있습니다.

하나님이 우리에게 주시는 것은 시급이 아닙니다. 일당도, 월급도, 연봉도 아닙니다. 하나님은 복을 주시고, 복이 되게 하시려고 우리를 부르셨습니다. 그 복은 바로 그리스도와의 연합입니다. 일을 시키려고 부르시기 전에 교제하려고 부르셨다는 것입니다.

일 없어도 그냥 찾아가고, 그냥 연락할 수 있는 것이 사랑입니다. 우리는 대체로 무슨 일이 생겨야 하나님을 찾지만, 하나님은 일이 없어도 늘 우리를 찾고 부르십니다. 그리고 우리의 몸값을 예수님의 목숨 값으로 격상시켜 놓으시고는 영원한 생명을 선물하셨습니다.

만약 꼭 시키실 일이 있다면, 사랑을 확인한 관계에서만 그 일을 맡기십니다. 사랑 없이 사역하면 악해지고 독해지기 때문입니다. 그리고 그 악함과 독함이 누군가에게 상처가 될 뿐만 아니라 자신의 영혼까지 병들게 만들기 때문입니다. 예수님은 베드로에게 사명을 맡기실 때 베드로의 쓸모가 아니라 사랑을 확인하셨습니다.

"내가 주님을 사랑하는 줄을 주님께서 아시나이다 예수께서 이르시되 내 양을 먹이라"(요 21:17)

| 관계 2

천 년이 두 번 지나도

이스라엘에 하나님이 없어서 너희가 에그론의 신 바알세붑에게 물으러 가느냐
(왕하 1:3)

　북이스라엘은 여로보암 이후 거의 100년 동안 하나님과의 연락을 끊었습니다. 그리고는 예배의 처소에 가증한 우상을 세웠습니다. 하나님의 흔적을 모두 지우고 살았던 것입니다. 이쯤 되면 하나님도 자기들을 떠나셨을 것이라고 생각할 만합니다. 100년 동안이나 등을 돌린 백성들에게서 하나님이 마음을 돌리지 않을 이유가 없습니다. 100년이면 어떤 사람은 평생을 하나님을 모르고 살다가 죽을 수 있는 시간입니다. 이 정도면 북이스라엘이 하나님에게 관계 정리 통보를 한 셈이라고 봐야 합니다. 이스라엘은 이미 바알세붑을 섬기고 있었고, 중대한 일이 있을 때마다 바알세붑의 뜻을 묻습니다.

　"이스라엘에 하나님이 없어서 너희가 에그론의 신 바알세붑에게 물으러 가느냐"(왕하 1:3)

　그런데 하나님께서는 이스라엘에 하나님이 없어서 바알세붑에게 가느냐고 분노하십니다. 하나님이 섭섭하다고 하시는 것입니다. 무슨 의미일까요? 하나님은 아직 마음이 있었습니다. 이스라엘은 관

계를 끝냈을지 모르지만, 하나님은 아직 끝내지 않았다는 것입니다. 하나님은 여전히 그 자리에 계셨습니다. 집 나간 아들이 돌아오기를 간절히 기다리는 아버지처럼 하나님은 거기 계셨습니다.

하나님을 부르며 돌아가기만 하면 됩니다. 10년이든 100년이든 1,000년이든 그것이 중요한 게 아닙니다. 계기가 필요하지 않습니다. 매 순간이 계기이고 기회입니다. 기다리시는 분이 하나님 아버지이시기 때문입니다.

아버지는 자식에게 늘 필요한 존재이고 싶습니다. 자녀가 내 필요를 채워 주는 것보다 내가 자녀의 필요를 채워 주며 더 큰 보람과 기쁨을 느끼는 것이 부모입니다. 하나님은 당신을 아버지라고 부르라 하셨습니다. 예수님은 하나님을 아빠라고 불렀습니다. 이 관계는 그 누구도, 그 어떤 것도 끊을 수 없습니다.

"내가 확신하노니 사망이나 생명이나 천사들이나 권세자들이나 현재 일이나 장래 일이나 능력이나 높음이나 깊음이나 다른 어떤 피조물이라도 우리를 우리 주 그리스도 예수 안에 있는 하나님의 사랑에서 끊을 수 없으리라"(롬 8:38-39)

하나님과의 관계에서는
매 순간이 계기이고 기회입니다.

| 관계 3

노래 부르시는 하나님

시온의 딸아 노래할지어다
(습 3:14)

노력해서 극복할 수 있는 현실이 있는가 하면 아무리 노력한들 희망이 보이지 않는 현실도 있습니다. 후자의 현실 속에서 가능성과 소망이란 내 노력 때문에 생기는 것이 아니라, 내 노래의 대상으로부터 흘러들어오는 것이기 때문입니다.

그런데 노래라는 것이 억지로 한다고 되는 게 아닙니다. 억지로 부르는 노래만큼 괴로운 일도 없습니다. 우러나와야 노래이지, 억지로 하는 것은 그냥 노력입니다.

노래하라는 하나님의 말씀은 명령이 아니라 초대입니다. 하나님이 먼저 들려주고 싶은 노래가 있어서 우리를 초대하시는 것입니다. 바로 하나님 당신께서 직접 부르시는 노래입니다.

"너의 하나님 여호와가 너의 가운데에 계시니 그는 구원을 베푸실 전능자이시라 그가 너로 말미암아 기쁨을 이기지 못하시며 너를 잠잠히 사랑하시며 너로 말미암아 즐거이 부르며 기뻐하시리라"
(습 3:17)

듣고 있으면 힘이 나는 노래가 있습니다. 듣고 있으면 저절로 따라 부르게 되는 그런 노래가 있습니다. 내가 억지로 부를 필요가 없습니다. 하나님의 흥얼거림을 가만히 듣고 있으면 됩니다.

죽음까지 이기신 하나님께서 이기지 못하시는 것이 하나 있다고 합니다. "그가 너로 말미암아 기쁨을 이기지 못하시며" 얼마나 기가 막힌 표현입니까?

하나님의 기분 좋은 흥얼거림에 가만히 귀를 기울이다 보면, 어느새 나도 모르게 노래하게 되는 것입니다.

내 노래가, 내 찬양이 자꾸만 건조해지는 건, 그리고 노래할 줄은 모르고 내 노력만으로 모든 것을 하려고 안간힘을 쓰다가 지치게 되는 건, 그분의 노래를 들을 겨를이 없을 정도로 너무 바빠서가 아닐까요?

잠시 시간을 내어 하나님의 노래에 귀를 기울여 봅니다. 그리고 하나님을 따라 노래를 불러 봅니다.

"너의 하나님 여호와가 너의 가운데에 계시니 그는 구원을 베푸실 전능자이시라 그가 너로 말미암아 기쁨을 이기지 못하시며 너를 잠잠히 사랑하시며 너로 말미암아 즐거이 부르며 기뻐하시리라" (습 3:17)

| 관계 4

부족해도 괜찮습니다

여호와는 나의 목자시니 내게 부족함이 없으리로다 그가 나를 푸른 풀밭에 누이시며 쉴 만한 물 가로 인도하시는도다
(시 23:1-2)

다윗은 정말 부족한 게 없었을까요? 다윗이 푸른 풀밭과 쉴 만한 물가라고 느낄 만한 시절은 자기 인생에서 그다지 길지 않았습니다. 창창했던 젊은 시절 전부를 사울에게 쫓겨 도망자 신세로 살았습니다. 지명 수배자가 되어서 전국을 떠돌아다니다 못해, 해외로 망명하지 않으면 더 이상 살 길이 없는 피곤한 인생이었습니다. 젊어서 고생은 사서라도 한다 치고, 그는 늙어서도 비슷한 인생을 삽니다. 아버지를 죽이겠다며 길길이 날뛰는 자기 아들 압살롬을 피해 도망길에 올라야 했습니다.

하나님이 함께하셔도 그의 인생에는 해결되지 않고, 풀리지 않는 문제들이 늘 있었습니다. 그런 그가 어떻게 부족함이 없다고 고백할 수 있었을까요? 부족감에 시달리며 더 채워 달라고 떼를 쓰고 기도해도 모자를 인생인데, 뭐가 부족하지 않다는 말일까요?

저는 시편 23편의 첫 구절이 이렇게 읽힙니다. "여호와께서 나의 목자시니 내 형편이 좀 모자라도 괜찮습니다. 도망 다녀도 괜찮습

니다. 아프고 슬퍼도 괜찮습니다. 고난과 고통, 그럴 수 있다고 생각합니다. 나를 죽도록 미워하는 사람이 있어도 괜찮고 욕 좀 먹으면 어떻습니까? 그것들이 더 이상 내 인생에 문제가 되지 않습니다. 하나님이 내 목자이시니 그거면 됐습니다."

타인의 넉넉함을 부러워하지 않으며 나의 부족함마저도 내 삶의 일부라고 인정하는 힘, 그것은 하나님과의 친밀함에서 우러나오는 능력입니다. 인간은 처음부터 관계적인 존재로 창조되었습니다. '무엇을 얼마나 가졌는가'보다 '누구와 얼마나 친밀한가'가 훨씬 중요하다는 것입니다.

소유로는 절대 만족할 수 없고, 오직 관계 속에서만 만족을 누리도록 하나님은 우리를 만들어 두셨습니다. 그래서 친밀감 속에서는 무얼 해도 만족스럽고, 거리감이 생기면 아무리 많이 소유해도 불만입니다. 가화만사성이라고 가정만 화목해도 모든 일이 다 형통하다는데, 하나님 아버지와의 관계가 화목하면 무엇이 문제가 될까요?

우리는 모든 것을 다 가지고도 아무것도 없는 사람처럼 살 수도 있고 **"아무 것도 없는 자 같으나 모든 것을 가진 자"**(고후 6:10)로 살 수도 있습니다. 이 모든 것이 하나님과의 관계에 달려 있습니다.

소유보다 관계입니다.

| 은혜 1

은혜에 의한 믿음

이 모든 일이 끝나매 거기에 있는 이스라엘 무리가 나가서 유다 여러 성읍에 이르러 주상들을 깨뜨리며 아세라 목상들을 찍으며 유다와 베냐민과 에브라임과 므낫세 온 땅에서 산당들과 제단들을 제거하여 없애고 이스라엘 모든 자손이 각각 자기들의 본성 기업으로 돌아갔더라

(대하 31:1)

　이스라엘 민족은 거의 200년 만에 유월절을 제대로 지킵니다. 오랜만에 드린 영과 진리의 예배였습니다. 얼마나 감격스러웠으면 그들은 유월절 기간을 7일 더 연장하기까지 합니다. 총 14일의 성대한 유월절 의식이 끝난 후, 백성들은 각자의 삶의 자리로 돌아갔습니다. 그런데 가는 길에 놀라운 일이 벌어집니다. 백성들이 흩어져 각자 성읍으로 돌아가던 길에 스스로 주상을 깨뜨리고 아세라 목상을 찍고, 산당과 제단을 허물었습니다. 누가 시킨 것도 아니었습니다. 왕의 명령이나 캠페인이 있었던 것도 아니었습니다. 그들은 단지 예배를 진정으로 드렸을 뿐입니다. 예배가 진짜였다는 증거는 예배당 안이 아니라, 예배를 마치고 돌아가는 길에 나타났습니다.

　은혜가 있으면, 누가 시키지 않아도 하게 됩니다. 삶의 진정한 변화를 위해서는 무브먼트나 훈련 프로그램이 필요한 것이 아닙니다. 물론 그런 것들이 도움될 때도 있지만, 결정적인 것은 언제나 하나

입니다. 은혜입니다. 은혜 없이 시작한 변화는 쉽게 내 의와 자랑으로 바뀌고, 의무와 비교로 흘러갑니다. 그러면 쉼이 없습니다. 안식을 모릅니다. 타인을 정죄하고 판단하며 나도 누군가의 시선과 평가를 의식하고, 더 잘해야 하고, 그래서 늘 지치고, 영혼은 점점 메말라갑니다.

히스기야 시대 신앙 회복의 특별한 점은 '산당'을 없앴다는 것이었습니다. 산당은 단순히 우상을 섬기는 장소가 아니라 오랜 전통과 문화, 그리고 익숙함이 얽혀있는 자리였습니다. 사람들은 하나님께 예배를 드린다는 명분 속에 산당을 남겨 두었지만, 실제로는 타협과 집단적 자기 합리화의 공간이었습니다. 그래서 산당을 제거하려던 개혁이 번번이 실패했던 것입니다. 왕조차도 건드리기 어려운 전통이었고, 백성들은 산당을 없애는 것에 거부감이 컸습니다. 그런데 백성들이 그 산당을 자발적으로 무너뜨립니다. 누가 시킨 일이었다면 산당 안에 있는 우상만 깨뜨렸을 것입니다. 그러나 이번에는 산당까지 제거되었습니다.

은혜, 은혜가 신앙생활의 전부입니다. 은혜는 인간에게 자발성을 선물합니다. 그리고 사람은 자발적일 때 가장 행복합니다. 가장 인간답고, 가장 자연스럽습니다. 신앙이란 은혜에 대한 반응입니다. '은혜에 의한 믿음'이 신앙입니다.

"내 은혜가 네게 족하도다"
(고후 12:9)

| 은혜 2

하나님의 오만 가지 생각

여호와 나의 하나님이여 주께서 행하신 기적이 많고 우리를 향하신 주의 생각도 많아 누구도 주와 견줄 수가 없나이다 내가 널리 알려 말하고자 하나 너무 많아 그 수를 셀 수도 없나이다
(시 40:5)

우리에게 허락된 것들, 그리고 우리가 누리며 살아가는 것들 중에 기도해서 받은 것이 몇 개나 될까요? 응답된 기도 제목은 아무리 많아도 셀 수 있습니다. 조지 뮬러는 5만 개를 세었습니다.

그러나 구하지 않았는데도 주신 것들이 있습니다. 예수님은 **"구하기 전에 너희에게 있어야 할 것을 하나님 너희 아버지께서 아시느니라"**(마 6:8)라고 말씀하셨습니다. 그것들은 셀 수가 없습니다. 주셨는지도 모른 채로 살아가는 순간이 아마도 대부분일 것입니다.

우리의 삶을 지탱하는 대부분의 것들은 우리가 구하지도 않는 영역에 속해 있습니다. 우리는 지구의 자전과 공전 속도를 위해서 기도하지 않습니다. 식물들의 광합성 작용을 위해서 기도하는 사람도 없습니다. 우리가 살아가는 데 반드시 필요한 것들이지만, 우리는 그런 것을 놓고 기도하지 않습니다. 하나님이 알아서 챙겨 주시는 것들입니다.

만약 하나님께서 우리가 구하는 대로만 응답하신다면, 기도하는 만큼만 응답하셨다면 우리의 삶은 존립 자체가 불가능했을 것입니다. 생존을 위해서 신경 써야 할 것들이 상상 이상으로 많기 때문입니다.

인간은 찰나에도 오만 가지 생각을 합니다. 그러나 오만 가지 생각으로도 생각하지 못한 것까지 생각하시고 챙기시는 것이 하나님의 디테일입니다. 그렇게 우리 삶은 디테일한 기적으로 가득 채워져 있습니다. 셀 수 없어서 못 세다 보니까 없는 것처럼 느껴질 뿐입니다.

"여호와 나의 하나님이여 주께서 행하신 기적이 많고 우리를 향하신 주의 생각도 많아 누구도 주와 견줄 수가 없나이다 내가 널리 알려 말하고자 하나 너무 많아 그 수를 셀 수도 없나이다"(시:40:5)

하늘을 두루마리 삼고
바다를 먹물 삼아도.

| 은혜 3

하늘에서 내리던 은혜가 그칠 때

또 그 땅의 소산물을 먹은 다음 날에 만나가 그쳤으니 이스라엘 사람들이 다시는 만나를 얻지 못하였고 그 해에 가나안 땅의 소출을 먹었더라
(수 5:12)

   이스라엘 백성이 가나안 땅의 농작물을 먹기 시작한 다음 날부터 만나는 내리지 않았습니다. 40년 동안 단 하루도 빠지지 않고 매일 먹었던 만나가 더 이상 내리지 않게 되었을 때, 이스라엘 백성들은 어떤 기분이었을까요?

   우리의 삶에도 매일 내리던 만나가 그칠 때가 있습니다. 하나님께서 더 이상 만나를 내려주시지 않는 것입니다. 은혜를 줍기만 하면 되는 시절은 반드시 끝이 옵니다. 신앙의 여정이 새로운 국면으로 접어들었다는 뜻입니다.

   신앙생활 중에는 기적 같은 은혜를 매일같이 경험하는 시간들이 있습니다. 하나님의 개입을 시인할 수밖에 없는 사건이 연이어 일어나고, 성경책만 펼쳐도 온몸에 전율을 느끼며, 아침에 기도하면 저녁에 응답받는 그런 시간들 말입니다. 주로 신앙생활의 초기에 하는 경험입니다.

그러나 그런 은혜가, 만나가 그치는 날이 반드시 옵니다. 그때에는 하늘에서 양식이 내리는 대신에 뼈 빠지게 일하고 땀 흘려 수고해야 하루를 근근이 버틸 정도가 되기도 합니다. 그렇다면 만나가 그쳤다고 해서 은혜가 그친 것일까요?

이제는 내가 땀 흘려 수고해서 얻은 수확도 하나님의 은혜라고 고백할 줄 알아야 하는 시기에 접어든 것입니다. 하늘에서 내리는 만나를 은혜라고 고백하는 것보다 내가 노력해서 얻은 소출을 은혜라고 고백하는 것이 훨씬 큰 믿음을 필요로 합니다. 비로소 믿음의 성장판이 활짝 열리는 순간을 맞이하게 된 것입니다.

하늘에서 내리는 은혜가 그치자,
땅에서 자라는 은혜가 보이기 시작했습니다.
땀 흘릴 수 있다는 것, 그것도 은혜입니다.

바쁜 하루,
잠깐묵상

초판 1쇄 발행 2025년 8월 20일
초판 2쇄 발행 2025년 9월 9일

지은이 석문섭
펴낸이 남궁현
편　집 김용환
디자인 김지은, 김유린

발행처 올리브페이퍼㈜
출판등록번호 2025년 2월 6일 (제507-2025-000003호)
주소 경기도 여주시 흥천면 흥천로 308-112 1층
대표전화 031-952-0903
전자우편 contact@olivepaper.co.kr
홈페이지 olivepaper.co.kr
ISBN 979-11-993360-0-1 (03230)

* 이 책의 판권은 지은이와 올리브페이퍼에 있습니다.
* 이 책 내용의 전부 또는 일부를 재사용하려면 반드시 양측의 서면 동의를 받아야 합니다.

* 잘못된 책은 바꿔드립니다.
* 책값은 뒤표지에 있습니다.